Le Bouquin du petit coin 8

Annie Pastor - Monsieur B.

WC "Le trône d'enfer"

Le Bouquin du petit coin 8

Hugo Desinge

Conception graphique : Jef Cortes
Mise en couleur : Murielle Rousseau

34/36, rue La Pérouse, 75116 Paris.
www.hugoetcie.fr
ISBN : 9782755624168

INTRODUCTION

Malgré l'humour et la vertu
Il faut ici montrer son cul
Malgré la haine et la fierté
Il faut ici se défroquer
Malgré l'amour et la tendresse
Il faut ici montrer ses fesses.

Rendons gloire à nos vespasiennes
De faïence ou de porcelaine !
Que l'on soit riche ou bien fauché
Jamais de classe dans les WC
Pines de smicards ou de richards
Venez tous voir mon urinoir !

(Œuvre d'un poète dont l'Histoire
n'a, hélas, pas retenu le nom)

Le petit coin des énigmes

Un savant un peu fou, très tête en l'air, fabriquait un poison dans son laboratoire. Oubliant toute précaution, il préparait sa mixture sans gants ni vêtements de protection. Sa femme l'appela pour le déjeuner. Il se précipita à la cuisine, se lava soigneusement les mains au robinet et passa à table. Tout à coup, il hurla en se tenant le ventre et s'écroula raide mort. L'autopsie révéla qu'il avait été empoisonné par le poison qu'il avait mis au point. Comment est-ce possible ?

En manipulant le robinet. Quand il l'a ouvert, le poison s'est déposé sur le robinet, lorsqu'il l'a refermé, le poison s'est redéposé sur ses mains.

Pissons de rire

Un éléphant sort de la jungle pour aller boire et là, à sa stupéfaction, il aperçoit un homme blanc tout nu.

Il le regarde de haut en bas et lui dit : "C'est avec ça que tu respires ?"

"À quoi bon apprendre ce qui est dans les livres, puisque ça y est ?"

[Sacha Guitry]

Le savais-tu ?

ALLER SUR LA LUNE, UN JOB TRÈS MAL PAYÉ

Les astronautes d'Apollo 11, Buzz Aldrin, Neil Armstrong et Michael Collins, ont été les premiers à mettre les pieds sur la Lune. Ce fut un énorme exploit pour toute l'humanité.

Les astronautes ont obtenu la célébrité, la reconnaissance de tout le monde et une très grande place dans les livres d'histoire.

Cependant, ils n'ont pas obtenu un salaire digne de cet exploit. Ils ont en effet été payés seulement 8 dollars par jour (l'équivalent de 50 dollars aujourd'hui) pour cette mission difficile, et très risquée.

Le petit coin des énigmes

Kévin a dépensé 72 euros.
Bertrand a dépensé le double.
Charly a dépensé la différence des sommes dépensées par Kévin et Bertrand.
Didier a dépensé la même somme que Bertrand, plus 50 euros.
Sans calculette, pouvez-vous dire qui a dépensé la même somme ?

- Kévin et Didier
- Didier et Charly
- Kévin et Charly

Solution : Kévin et Charly.
Kévin = 72. Bertrand = 144.
Charly = 72. Didier = 194.

Des goûts et des douleurs

Depuis sa création, le site Facebook a toujours été bleu et blanc. La raison n'est pas esthétique ou arbitraire : son créateur, Mark Zuckerberg, souffre de daltonisme, et le bleu est la couleur qu'il voit le mieux.

"Je ne sais rien en matière de sexe, parce que j'ai toujours été mariée."

[Zsa-Zsa Gabor]

Culture confiture

La sculpture de Rodin, *Le Baiser*, fait référence à un drame. Elle représentait à l'origine Paolo et Francesca, personnages issus de *La Divine Comédie*, poème de Dante Alighieri (1265-1321). Tués par le mari de Francesca qui les avait surpris en train de s'embrasser, les deux amoureux furent condamnés à errer dans les Enfers.

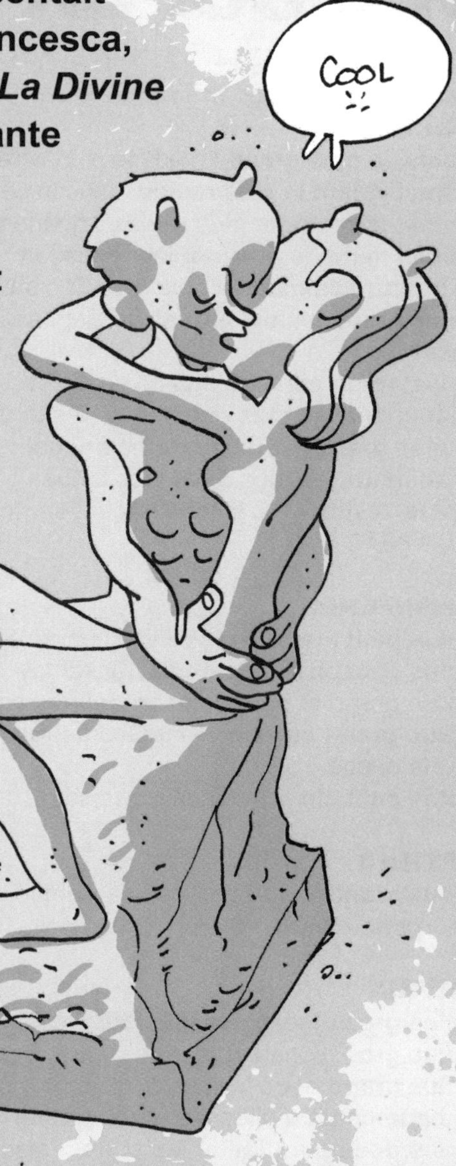

La charrue avant les bœufs

BEST OF DES SUPER ANIMAUX

L'animal le plus gros et le plus lourd : baleine bleue, jusqu'à 190 tonnes, 33,60 mètres
L'animal le plus grand : méduse à crinière de lion : 37 mètres
L'animal volant le plus rapide : faucon pèlerin
L'animal terrestre le plus rapide : guépard, 120 km/h
L'animal marin le plus rapide : espadon
La structure animale la plus grande : barrière de corail (2 600 km)
Le plus grand animal terrestre : éléphant de savane d'Afrique – 4 mètres, 10 tonnes
Le plus grand cerveau : grand cachalot
Les animaux les plus résistants : les tardigrades
Les plus grands yeux du règne animal : calmar colossal, 30 cm de diamètre
Les animaux les plus âgés : les tortues géantes – 256 ans
Le plus résistant à la chaleur : Le ver de Pompéi *(Alvinella pompejana)* jusqu'à 80 °C

MAMMIFÈRES
Le plus petit mammifère : kitti à nez de porc, de 2,90 à 3,30 cm de haut
Le plus petit chat du monde : Tinker toy
Le plus grand et plus puissant félidé : tigre de Sibérie, 3,15 mètres de long
Le plus grand chien : Giant George, un dogue allemand, 2,20 mètres de la tête à la queue
Le plus petit chien : chihuahua (chien) : entre 16 et 22 cm de hauteur

REPTILES
Le plus grand lézard : dragon de Komodo, jusqu'à 3 mètres
Le serpent le plus rapide : mamba noir, 19 km/h

OISEAUX
Le plus gros oiseau ayant existé : æpyornis (500 kg)
Le plus gros oiseau et le plus rapide des oiseaux terrestres : autruche
Le plus grand bec : pélican d'Australie, bec de 47 cm de long
Les battements d'ailes les plus rapides : le colibri
Le plus doué pour imiter les sons : l'oiseau-lyre

DIVERS

Animal domestique le plus ancien : chien, au moins 31 700 ans

Les plus gros yeux par rapport à la taille pour un animal terrestre : tarsier : yeux de 16 cm de diamètre

Le plus lent : escargot : 20 m/h

Le premier animal dans l'espace : Laïka

La plus grande construction animale : barrage de castor et villes souterraines

Fromage ou dessert ?

La spiruline peut être un substitut à la viande. Il est donc possible de se nourrir tout en diminuant son empreinte environnementale. La spiruline existe depuis plus de 3 milliards d'années. Ainsi nommée en raison de sa forme spiralée, elle appartient à la famille des microalgues bleu-vert. Il existe près de 1 500 espèces d'algues bleues, et 36 espèces de spiruline sont comestibles. Peu calorique, elle contient : des protéines d'excellente qualité, du fer, du bêta-carotène, des antioxydants…

Le petit coin des jeux

CHERCHEZ L'INTRUS

- **L'ours**
- **La vache**
- **Le chien**
- **Le phoque**

- **Cirrus**
- **Altostratus**
- **Cumulus**
- **Citrus**

- **Soleil**
- **Vent**
- **Nourriture**
- **Zinc**

Réponses : La vache est la seule à être herbivore. Citrus, le seul à ne pas être un nuage. Le zinc, le seul à ne pas être une source d'énergie.

Culture confiture

LA RÉVOLUTION INDUSTRIELLE DONNE DES IDÉES À JULES VERNE

Le Tour du monde en quatre-vingts jours est un roman d'aventures de Jules Verne, publié en 1872. Un gentleman anglais, Phileas Fogg, a fait le pari insensé pour l'époque de faire un tour du monde en 80 jours. Il est accompagné par Jean Passepartout, son serviteur français. L'ensemble du roman mêle récit de voyage et données scientifiques.

Londres – Suez	chemin de fer et paquebot	sept jours
Suez – Bombay	paquebot	treize jours
Bombay – Calcutta	chemin de fer	trois jours
Calcutta – Hong Kong	paquebot	treize jours
Hong Kong – Yokohama	paquebot	six jours
Yokohama – San Francisco	paquebot	vingt-deux jours
San Francisco – New York	chemin de fer	sept jours
New York – Londres	paquebot, chemin de fer	neuf jours

Pas de quartier !

KESKIDI ?

Le lexique du rugby est rempli d'expressions fleuries. Définitions de quelques termes propres au monde de l'ovalie.

Lancer comme un pizzaïolo : sur une touche, le lanceur doit se montrer précis pour espérer que le sauteur puisse se saisir convenablement du cuir. En cas de mauvais lancer, le geste du fautif est comparé à celui d'un pizzaïolo qui fait sauter sa pâte de manière aléatoire.
Faire chanter le cuir : expression dédiée au beau jeu. Le ballon "chante" lorsqu'il est transmis rapidement entre les joueurs, qui mettent du rythme afin d'aller à l'essai.

Balancer un parpaing : effectuer une passe mal ajustée qui met son partenaire en difficulté.

Envoyer une "brique" : Une passe manquée peut aussi être qualifiée de "saucisson".

Se faire la valise : quand un joueur fausse compagnie à la défense adverse de manière inattendue. C'est souvent le demi de mêlée qui se retrouve dans la position de se faire la valise. Le joueur ramasse le cuir rapidement, passe dans un trou de souris et file seul vers l'en-but.

Sortir les casques à pointe : se dit quand les joueurs font preuve d'une motivation et d'un engagement physique intense, voire brutal. L'expression fait référence aux casques utilisés par les armées prussiennes, dès la fin du XIXe siècle, puis allemandes, jusqu'à la Première Guerre mondiale.

Taper une chandelle : face à une défense bien regroupée, un joueur décide d'envoyer le cuir dans les airs d'un grand coup de pied afin de débloquer la situation. Si un de ses coéquipiers réussit à récupérer la gonfle derrière le rideau défensif, le joueur aura réussi à "éclairer le jeu".

Faire une fourchette : geste d'anti-jeu qui consiste à planter deux doigts dans les globes oculaires de son adversaire. Une agression évidemment interdite sur les terrains et sévèrement sanctionnée. Une spécialité bien connue de Jean-Pierre Garuet, ancien pilier du XV de France, qui s'était fait expulser pour ce geste inconscient lors d'un match international.

La boîte à gifles : évoque un règlement de comptes, souvent à la sortie d'une mêlée. Les joueurs "ouvrent" la boîte à gifles pour imposer le respect à leurs adversaires, qui risquent alors de manger "une salade de phalanges".

Le cochon est dans le maïs : le match bascule en faveur d'une équipe et le tableau d'affichage n'augure rien de bon pour les adversaires en mauvaise posture. C'est une variante des carottes sont cuites. L'expression a été popularisée par le journaliste Pierre Salviac.

"Il ne faut jamais jouer à saute-mouton avec une licorne."

[Michel Shea]

Les points sur les i

L'horoscope nous est familier, mais qu'en est-il des pierres de naissance ?

En effet, à chaque signe astrologique correspond une pierre de naissance. Comme les signes du zodiaque se chevauchent sur deux mois, chaque pierre de naissance est associée à deux signes de l'horoscope.

Lié à la personnalité de son propriétaire, le concept des pierres de naissance fut inventé, en 1912, par les "Jewelers of America".

Janvier : grenat
Février : améthyste
Mars : aigue-marine
Avril : cristal clair
Mai : émeraude
Juin : perle
Juillet : rubis
Août : péridot
Septembre : saphir
Octobre : quartz rose
Novembre : jaune topaze
Décembre : bleu topaze

"Je bois trop : à mon dernier échantillon d'urine, il y avait une olive dans le bocal."

[Rodney Dangerfield]

LES TROIS MÉTIERS QUI RECRUTERONT LE PLUS DANS LES ANNÉES À VENIR

• **Les aides à domicile** – qu'ils travaillent auprès des enfants, des personnes âgées ou handicapées – arrivent en tête. Selon les estimations de France Stratégie, un organisme de prospective rattaché au Premier ministre, et du ministère du Travail, 322 000 postes seraient à pourvoir d'ici à 2022, dont 159 000 créations nettes, un record.

• **Les aides-soignants**, avec 233 000 postes disponibles, dont 130 000 remplacements de départs à la retraite. Le niveau de qualification y est plus élevé que chez les auxiliaires de vie, puisqu'il faut détenir un diplôme d'État pour exercer ce métier.

• **Chez les vendeurs**, à la troisième place du classement : 232 000 contrats pourraient être pourvus dans les six ans à venir, avec une prime aux profils qualifiés, du bac pro à la licence.

Le petit coin des blagues

C'est un jeune couple, dont la femme pense être enceinte.

– Au fait, chéri, cet après-midi je vais voir mon gynécologue pour savoir depuis combien de temps je suis enceinte.

– Ha, c'est bien. Tu me téléphoneras au garage pour me dire ce qu'il en est.

Déception ! Le spécialiste lui dit qu'elle n'est pas enceinte mais qu'elle souffre d'aérophagie. De retour à la maison, elle téléphone au garage pour l'annoncer à son mari :

– Allô, bonjour Monsieur, je voudrais faire une commission à mon mari, Pierre, ne le dérangez pas, dites-lui simplement que je ne suis pas enceinte mais que je fais de l'aérophagie. Merci, au revoir.

Le soir, le mari rentre du travail, le visage défait, l'air en colère. Il s'adresse à son épouse :

– Dis donc, qu'est-ce que tu es allée leur raconter, au garage ? Toute la journée mes collègues de travail n'ont pas cessé de me dire : “Hé, Pierrot ! Amène ta biroute, on a un pneu à regonfler !”

Pas de fumée sans feu

On dit que l'air chaud monte, mais en réalité, c'est plutôt l'air froid qui descend. Plus dense, et donc plus lourd, il soulève l'air chaud dans sa chute.

“Quand j'étais jeune, on me disait : ‘Vous verrez quand vous aurez cinquante ans.’ J'ai cinquante ans, et je n'ai rien vu.”

[Erik Satie]

Culture confiture

LIRE DANS LES LIGNES DU CERVEAU

La forme la plus ancienne de neurochirurgie est probablement la trépanation, qui consistait à percer le crâne.
L'un des crânes trépanés les plus anciens qui a été découvert daterait de 10 000 ans av. J.-C. Sa cicatrisation prouve que le sujet a survécu. Même opération réussie, pour une jeune fille trépanée au silex environ 3 500 ans av. J.-C.

Qui m'aime me suive

LES SUPER STARS LES PLUS SUIVIES SUR TWITTER

1	Katy Perry	71 millions +
2	Justin Bieber	64 millions +
3	Barack Obama	60 millions +
4	Taylor Swift	59 millions +
5	Lady Gaga	47 millions +
6	Rihanna	47 millions +
7	Justin Timberlake	46 millions +
8	Ellen DeGeneres	44 millions +
9	Britney Spears	42 millions +
10	Cristiano Ronaldo	36 millions +
11	Kim Kardashian West	32 millions +
12	Jennifer Lopez	32 millions +
13	Shakira	32 millions +
14	Selena Gomez	30 millions +
15	Ariana Grande	29 millions +
16	Demi Lovato	28 millions +
17	Oprah Winfrey	28 millions +

“Le mariage n’est plus ce qu’il était. Quand je rencontre un homme, la question que je me pose, c’est : Est-ce que c’est avec lui que j’ai envie que nos enfants passent un week-end sur deux ?”

[Rita Rudner]

18	P!nk	26 millions +
19	Jimmy Fallon	26 millions +
20	Harry Styles	24 millions +
21	One Direction	23 millions +
22	Drake	23 millions +
23	Lil Wayne	23 millions +
24	Kaka	23 millions +
25	Adele	22 millions +
26	Bill Gates	22 millions +
27	Niall Horan	22 millions +
28	Alicia Keys	22 millions +
29	LeBron James	22 millions +
30	Bruno Mars	22 millions +

Les points sur les i

QUELQUES EXTRÊMES

Le Vatican a une superficie de 0,44 km² et la Russie a une superficie de 17 098 242 km².

PIB des États-Unis, 18 698 milliards de dollars, et PIB du Burundi, 3 milliards de dollars (USD).

Fromage ou dessert ?

COMBIEN DE TEMPS LES ALIMENTS RESTENT-ILS DANS NOS ORGANES ?

Bouche : de 5 à 30 secondes

Pharynx : 3 secondes

Œsophage : 7 secondes

Estomac : 3 heures

Duodénum (entre l'estomac et l'intestin grêle) : 3 heures

Intestin grêle : 3 heures

Gros intestin : de 1 à 2 jours

Pouce !

Au Mexique, 94 % des crimes ne font pas l'objet d'enquête policière.

L'occasion fait le larron

MAIS OÙ PASSE NOTRE ARGENT ?

Il était temps que la question soit posée. Des journalistes se sont penchés sur les dépenses du Parlement européen.

Un député européen perçoit un salaire de **6 200** euros par mois, à quoi s'ajoute une prime de présence de **304** euros, et une indemnité annuelle de transport de **4 243** euros.

Mais en plus, chaque mois, le Parlement verse aux députés un forfait de **4 299** euros pour les frais généraux : location de salles, frais de réception, de représentation, téléphone, etc. Ces frais ne sont pas contrôlés.
Comble de l'absurde, il est préférable de dépenser en totalité cette enveloppe, puisque aucune somme ne peut être restituée. La raison donnée est que cela entraînerait trop de paperasse, et reviendrait donc plus cher.
Au total, le Parlement européen dépenserait, pour les 751 députés, 40 millions d'euros chaque année.
En ce qui concerne la rémunération de leurs assistants parlementaires, une enveloppe mensuelle de 21 209 euros leur est attribuée.

Le Parlement a refusé de communiquer des informations, en invoquant plusieurs prétextes, la protection de la vie privée de ses eurodéputés et, plus grave, l'absence de documents justifiant les dépenses de ces derniers : 29 journalistes ont décidé de porter plainte pour manque de transparence.

Honni soit qui mal y pense

LES DICTONS DE MARDI GRAS

- Lune de Mardi gras, tonnerre entendra.
- À Mardi gras, qui n'a pas de viande tue son coq – Qui n'a pas de coq tue sa femme
- Quand Mardi gras est de vert vêtu, Pâques met des habits blancs.
- Au Mardi gras, l'hiver s'en va.
- Mardi gras sous la pluie, l'hiver s'enfuit.
- Si le soleil est là pour Mardi gras, il reparaîtra tout le Carême.
- Mardi gras près du feu, Pâques auprès de la porte ; Mardi gras près de la porte, Pâques auprès du feu.
- Mardi gras, beau temps, beau foin.
- Si le soleil luit tôt le matin, semailles de Mardi gras vont bien.
- Le soir de Mardi gras, il faut danser sur les fumiers pour avoir des navets.
- Mardi gras pluvieux, fait le cellier huileux (Périgord).
- Le jour de Mardi gras, si les noyers sont mouillés, y'aura des noix (Charente).
- Lune quand tu la verras nouvelle, le Mardi gras force tonnerre tu entendras (Aveyron).

"Pour séduire les hommes je porte un nouveau parfum : 'Intérieur de voiture neuve'."

[Rita Rudner]

Fromage ou dessert ?

LE MEILLEUR DE L'ŒUF

• Prêter attention aux marquages sur les œufs est meilleur pour votre santé.

0 : œufs de poules élevées en plein air (au moins 2,50 m^2 de terrain extérieur par poule) et nourries avec une alimentation biologique. Riches en oméga-3.

1 : œufs de poules élevées en plein air (au moins 2,50 m^2 de terrain extérieur par poule)

2 : œufs de poules élevées au sol (élevage intensif en intérieur mais sans cage – max. 9 poules/m^2)

3 : œufs de poules élevées en cage ou en batterie (18 poules/m^2)

• Pour vérifier la fraîcheur d'un œuf, plongez-le dans un récipient d'eau froide, s'il flotte, jetez-le.

L'œuf entier dans sa coquille se conserve cinq semaines à compter de la date d'emballage sans perdre notablement en qualité.

Une fois la coquille enlevée, les blancs et les jaunes se conservent deux jours. Les œufs durs se conservent en moyenne une semaine. Idéalement, les œufs se conservent mieux la pointe vers le bas.

Au pied du mur

NOS ANIMATEURS PRÉFÉRÉS SONT-ILS RENTABLES OU COÛTENT-ILS TROP CHER ?

Petit tour des animateurs qui plombent le moins les comptes des chaînes TV.

1. **Cyril Hanouna** (D8), TPMP coûte 25 € à produire pour 1 000 téléspectateurs

2. **Yves Calvi** (F5), C dans l'air coûte 26 € à produire pour 1 000 téléspectateurs

3. **Laurent Ruquier** (F2), On n'est pas couché coûte 32 € à produire pour 1 000 téléspectateurs

4. **Patrick Sabatier** (F2), Mot de Passe coûte 33 € à produire pour 1 000 téléspectateurs

5. **Laurence Boccolini** (TF1), Money Drop coûte 34 € à produire pour 1 000 téléspectateurs

6. **Philippe Etchebest** (M6), Objectif Top Chef coûte 35 € à produire pour 1 000 téléspectateurs

7. **Nagui** (F2), N'oubliez pas les paroles coûte 37 € à produire pour 1 000 téléspectateurs

Les derniers de la classe sont :
24e Daphné Burki, La Nouvelle Édition (C+) coûte 94 € à produire pour 1 000 téléspectateurs

25e Thierry Ardisson (C+), Salut les Terriens coûte 112 € à produire pour 1 000 téléspectateurs

26e Maïtena Biraben (C+), Le Grand Journal coûte 119 € à produire pour 1 000 téléspectateurs

27e Laurence Ferrari (D8), Le Grand 8 coûte 155 € à produire pour 1 000 téléspectateurs

28e Ali Baddou (C+) Le Supplément coûte 201 € à produire pour 1 000 téléspectateurs

29e Evelyne Thomas (Chérie 25), C'est mon choix coûte 402 € à produire pour 1 000 téléspectateurs

Animatrice la moins rentable :
Valérie Damidot (NRJ12), son Labo coûtait 483 € à produire pour 1 000 téléspectateurs.

Qui s'y frotte s'y pique

LES DANGERS D'ÊTRE REINE

Les six femmes d'Henri VIII, roi d'Angleterre, n'ont pas eu de chance. Sauf la dernière.

- **Catherine d'Aragon fut répudiée**
- **Anne Boleyn fut décapitée**
- **Jane Seymour mourra des suites de son accouchement**
- **Anne de Clèves fut répudiée**
- **Catherine Howard fut décapitée**
- **Catherine Parr survécut à son royal époux**

Le petit coin des jeux

1. **En météorologie, une dépression est signe de beau temps.**
   - Vrai
   - Faux

2. **Érasme était un humaniste.**
   - Vrai
   - Faux

3. **La taxe Tobin permettrait d'effacer la dette des pays pauvres.**
   - Vrai
   - Faux

Réponses

1. Faux. Une dépression peut déclencher des tempêtes.

2. Vrai. Humaniste et théologien.

3. Vrai. Fondée sur une taxation de 0,1 % des flux financiers, elle permettrait d'éradiquer la pauvreté dans le monde.

Pas de quartier !

LES GRANDS BÉNÉFICES DE L'ÉCORCE D'ORANGE :

Ne jetez plus les écorces de vos oranges pressées. L'écorce est bonne pour notre santé.

- Elle permet de réduire le cholestérol
- C'est une fibre naturelle qui protège notre flore intestinale
- Elle permet de lutter contre les infections
- Grâce au thé à l'écorce d'orange, nous pouvons perdre du poids, car ce dernier accélère le métabolisme, nous permettant ainsi de brûler les graisses accumulées dans l'organisme tout en nous apportant le plein d'énergie.

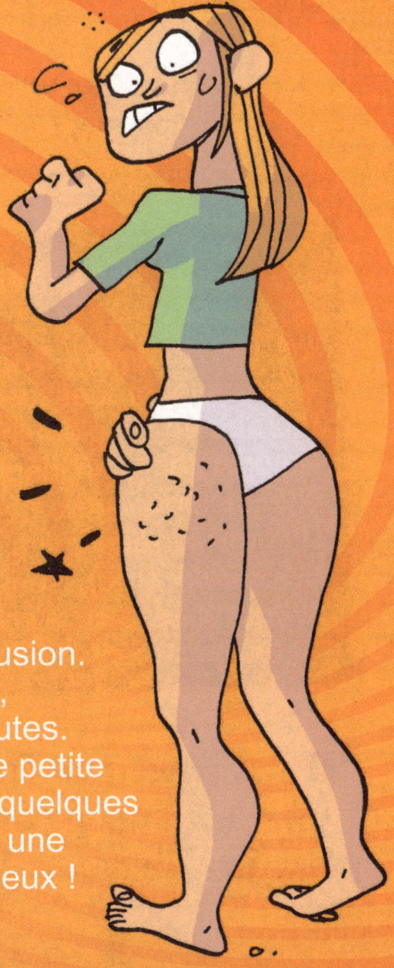

Recette d'une infusion

Le matin et l'après-midi, mettez une tasse d'eau à bouillir. Râpez l'écorce d'une orange, mais en faisant attention à ne pas dépasser une cuillerée et demie en quantité, ce qui est suffisant pour chaque infusion. Laissez bouillir pendant 10 minutes, puis laissez reposer pendant 5 minutes. En hiver, vous pouvez y ajouter une petite cuillerée de miel. En été, ajoutez-y quelques glaçons et un peu de cannelle pour une boisson rafraîchissante. C'est délicieux !

Le petit coin des énigmes

Il est un père qui a douze enfants. Chacun d'eux a soixante filles d'aspect très différent, les unes blanches, les autres noires. Toutes sont immortelles et meurent.

Qui sont-ils ?

Réponse : L'année, les mois, les jours et les nuits.

Culture confiture

Le film *Birdman* d'Alejandro Iñarritu fait preuve d'une incroyable prouesse technique : chaque scène a été tournée en un plan-séquence (plan long qui veut donner l'impression d'un déplacement de la caméra à la suite d'un personnage), et tout a été raccordé pour donner l'impression que le film, dans son intégralité, avait lui-même été tourné en un seul plan-séquence. C'est notamment cette prouesse qui a permis à Iñarritu de décrocher l'Oscar du meilleur réalisateur, en 2015.

"Il est presque impossible de rendre heureux son propre mari ; c'est infiniment plus facile avec le mari d'une autre."

[Zsa-Zsa Gabor]

Pas de fumée sans feu

AH AH AH, DES POISSONS D'AVRIL 100 % MUSCLES

Mohamed Ali remporte un prix littéraire

En 1963, le magazine littéraire de la prestigieuse université américaine de Yale annonce que Cassius Clay alias Mohamed Ali vient de remporter le prix qui récompense la personnalité ayant « le plus œuvré pour revitaliser la poésie » au cours de l'année.

Une statue de Zlatan à la place de Jeanne d'Arc

L'an passé, Yahoo avait annoncé que la Mairie de Paris avait autorisé le remplacement de la statue en bronze et en or de Jeanne d'Arc par une œuvre d'art à l'effigie du géant suédois.

Hello Kitty partenaire du Milan AC

Le site officiel du club rossonero indique avoir noué un partenariat avec la compagnie japonaise Sanrio, qui distribue les produits à l'effigie de Hello Kitty, la petite chatte rose. Afin de toucher une clientèle plus féminine. Trop mignon.

Culture confiture

JEUX DE MOTS RIGOLOS

Pour obtenir une anagramme, et pas un anagramme, il faut mélanger les lettres et construire un nouveau mot.

soigneur – guérison
couille – luciole
imaginer – migraine
parisien – aspirine
police – picole
cuvé – vécu
meuf – fume
une – nue
la vérité – relative

Ordinateur – dur notaire – dorerait nu – on durerait – ration dure – rudération
Révolution française – Un veto corse la finira
Le commandant Cousteau – Tout commença dans l'eau
Pierre de Ronsard – Roser de Pindarre
Napoléon, Empereur des Français – Un pape serf a sacré le noir démon
Albert Einstein – Rien n'est établi
Vincent Auriol – Voilà un crétin !
Le Marquis de Sade – Démasqua le désir – Marque des ladies

La crise économique – Le scénario comique

Centrales nucléaires – Les cancers et la ruine

Tom Elvis Jedusor – Je suis Voldemort

Laurent Fabius – Naturel abusif

Jean-Paul Sartre – Satan le parjure

Michel Onfray – Lyncher ma foi

Pablo Picasso – Pascal Obispo

Salvador Dalí – Avida Dollars

Entreprise Monsanto – Poison très rémanent

La gravitation universelle – Loi vitale régnant sur la vie

À VOUS DE TROUVER

IMPERMÉABILISERAIENT

DÉPARTEMENTALISÈRENT

Réponses :

RÉIMPERMÉABILISAIENT,

INTERDÉPARTEMENTALES

Les points sur les i

QUELQUES EXTRÊMES

– 273,15 °C, zéro absolu
15 000 000 °C, température du centre du Soleil

0,004 68 km/h, vitesse d'un escargot et 1 079 252 848,8 km/h, la vitesse de la lumière

Le savais-tu ?

Pour être certain, à votre retour de vacances, que votre congélateur a fonctionné sans interruption, il vous suffit de remplir la moitié d'une bouteille d'eau, de la congeler, puis de la retourner afin que l'eau congelée soit en haut. Si à votre retour le glaçon est en bas, c'est qu'il a fondu à un moment, et donc qu'il y a eu un souci. Il est alors déconseillé de consommer le contenu du congélateur.

"Mon mari a dit qu'il voulait passer ses vacances dans un endroit où il n'était jamais allé. J'ai répondu : Et pourquoi pas la cuisine ?"

[Nan Tucket]

Culture confiture

PETITS, MAIS IMPORTANTS

Les krills antarctiques sont des crustacés qui, comme les crevettes, vivent en grands groupes, appelés essaims, atteignant parfois des densités de 10 000 à 30 000 individus par mètre cube.

Ils se nourrissent directement de phytoplancton, en utilisant la production primaire d'énergie que le phytoplancton tire initialement du Soleil afin de maintenir leur cycle de vie dans la zone pélagique. Ils atteignent une longueur de six centimètres, pèsent jusqu'à deux grammes et peuvent vivre jusqu'à six ans. C'est une espèce clé dans l'écosystème, base de l'alimentation pour de nombreux animaux comme les baleines ou les phoques, et permettant l'exportation de carbone vers les fonds marins grâce à ses excréments. En termes de biomasse, elle atteint environ 500 millions de tonnes, soit l'une des espèces les plus abondantes de la planète.

Le petit coin des énigmes

Quand je te trouverai, je te posséderai.

Ce jour, au plus tard le suivant, je te porterai au lit.

Sans demander ta permission, je m'approcherai, je toucherai tout ton corps.

Je te laisserai avec une énorme sensation de fatigue.

Tu sentiras lentement des frissons parcourir ton corps et je te ferai transpirer.

Je te laisserai sans respiration, sans air, sans que tu puisses reprendre tes esprits.

Tant que je resterai avec toi, tu ne te sentiras pas capable de sortir du lit !

Je partirai sans dire adieu avec la conviction qu'un jour je reviendrai…

Réponse : Signé… la grippe…

Qui s'y frotte s'y pique

Le balbuzard pêcheur du Venezuela est un oiseau capable de plonger sous l'eau pour ramener sa proie à l'air libre. Mais si le poisson pêché est trop lourd, l'oiseau se noie.

D'OÙ VIENT L'EXPRESSION "METTRE LE COUVERT" ?

Autrefois, tous les invités à la même tablée mangeaient dans un plat unique. Les seigneurs médiévaux, puis les aristocrates, furent les premiers à être servis individuellement avec des plats présentés "à couvert". Le mot couvert désignait l'action de couvrir d'un linge les plats de nourriture et les boissons destinés à tout personnage de grande importance. Cette précaution permettait de rassurer hôtes et convives de tout risque d'empoisonnement.

Par la suite, le terme couvert a également désigné le plat rapporté des cuisines, recouvert de faïence ou d'une cloche de métal, afin de conserver leur chaleur aux mets.

Cet usage disparaît après le xve siècle, qui voit le déclin de l'empoisonnement comme moyen de régler des problèmes politiques, militaires, etc. Le terme se retrouve cependant dans les expressions "mettre le couvert" ou "avoir son couvert mis chez quelqu'un".

Saviez-vous que Napoléon III recevait ses hôtes de marque avec des couverts en aluminium ? Les autres devaient se contenter de couteaux et de fourchettes en or.

Le petit coin des jeux

1. Quel est le nom des habitants de Bourges
• Berruyers • Bourgeais • Bourgiens

2. Quel est le nom des habitants de Bobigny
• Bobinais • Bobois • Balbyniens

3. Quel est le nom des habitants de Niort
• Niorois • Niortois • Niortais

4. Quel est le nom des habitants de Tours
• Tourangeaux • Toursonnais
• Toureliens

5. Quel est le nom des habitants de Vannes
• Vannois • Vannetais • Vannais

6. Quel est le nom des habitants d'Albi
• Albigeois • Albanais • Albinais

7. Quel est le nom des habitants de Besançon
• Besanciens • Bisontins • Besançonnais

8. Quel est le nom des habitants de Béziers
• Bézois • Biterrois • Bézans

9. Quel est le nom des habitants de Castres
• Castrois • Castriens • Castrais

10. Quel est le nom des habitants de Créteil
• Crétois • Cristoliens • Cristalliens

Réponses : 1. Les Berruyers/
2. Les Balbyniens/ 3. Les Niortais/
4. Les Tourangeaux/
5. Les Vannetais/ 6. Les Albigeois/
7. Les Bisontins/ 8. Les Biterrois/
9. Les Castrais/ 10. Les Cristoliens

"C'est drôle comme les gens qui se croient instruits éprouvent le besoin de faire chier le monde."

[Boris Vian]

Le savais-tu ?

ANECDOTES SUR GOOGLE

Google est l'une des plus imposantes entreprises du marché d'Internet et fait partie, avec Apple, Facebook et Amazon.com, du "Big Four" (les "quatre gros") des entreprises de technologie.

Le nom Google vient du nombre gogol (googol en anglais), un terme mathématique désignant un 1 suivi de 100 zéros. La légende veut qu'une faute d'orthographe en soit à l'origine.

La Homepage est disponible en 80 langues dont le klingon, une langue extra-terrestre de l'univers de Star Trek.

En 1997, Yahoo avait eu l'occasion d'acheter Google pour 1 million de dollars. Aujourd'hui Google vaut 200 milliards de dollars, et Yahoo dix fois moins.

Google possède 1 million de serveurs, soit 2 % du total mondial. Il faut bien ça pour traiter le milliard de requêtes quotidiennes.

Google n'a pas recours à des tondeuses à gazon pour entretenir les pelouses de son siège social, mais à plus de 200 chèvres.

L'autonomie et un encadrement libéral offrent aux employés des postes de travail moins stressants. Les employés ont la possibilité de passer 20 % de leur temps de travail à des projets personnels, autonomes, sans restrictions notables, alors que les 80 % restant sont pour la société.

Retour de bâton

Sergueï Krikaliov est l'homme qui a passé le plus de temps dans l'espace : près de 804 jours passés loin de la Terre, effectués en 6 voyages. Il détient également le record insolite de l'homme ayant le plus traversé le temps : toutes ces heures passées à vitesse élevée l'ont en effet fait vieillir quelques centièmes de seconde moins vite que ses camarades restés à Terre (approximativement 0,02 seconde).

Le petit coin des jeux

1. Complétez cette phrase :
"Les beaux textes valent mieux que les beaux…"

a) Discours
b) Chèques
c) Mecs

2. Qui en est l'auteur ?

a) Marguerite Yourcenar
b) Anna Gavalda
c) Jules Verne

3. Poursuivez cette citation :
"Écrire l'Histoire, c'est foutre la pagaille…"

a) Sur le tableau
b) Dans un pays
c) Dans la géographie

4. Qui en est l'auteur ?

a) Daniel Pennac
b) Jean Cocteau
c) Amélie Nothomb

Réponses : 1b/ 2b/ 3c/ 4a

"J'ai arrêté l'alcool. J'en avais marre de me réveiller nu sur le toit de ma voiture avec les clés dans les fesses."

[Robin Williams]

Le savais-tu ?

VOYAGE À L'INTÉRIEUR DU CORPS HUMAIN

Un robot circule dans les veines. Le potentiel de cette innovation américaine en médecine est énorme. Terminée, la chirurgie pour déboucher des artères ou déposer précisément un médicament dans le corps du patient ! Des chercheurs de l'université de Drexler, Philadelphie, ont développé une technologie permettant à des nano-robots de voyager dans le corps humain : le Micro-Swimmer Robot. Concrètement, des nanoparticules en fer pilotées par un flux magnétique peuvent s'assembler et naviguer dans les veines. Une avancée chirurgicale majeure qui pourrait être mise en œuvre dans les quatre ans à venir.

Le savais-tu ?

Pour soulager les coups de soleil
Mélangez le jus de trois citrons à 50 cl d'eau froide et passez la préparation sur les coups de soleil. Non seulement cette lotion rafraîchit, mais elle désinfecte et régénère la peau. Si vous le faites immédiatement après l'exposition, cela pourra même vous éviter de peler.

Pour éviter de peler après un coup de soleil
Coupez une pomme de terre en deux et passez-la sur votre coup de soleil. Une fois la fécule sèche, faites une seconde application.

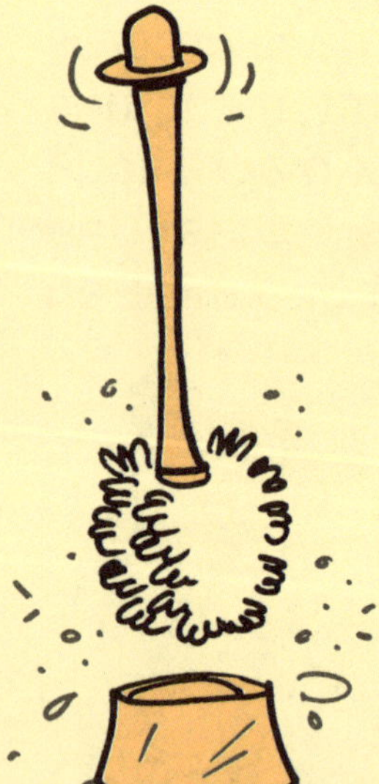

Pas de fumée sans feu

Une tonne de papier recyclé permet d'épargner 17 arbres, 20 000 litres d'eau, l'équivalent de 1 000 litres de pétrole et de nombreux rejets polluants, tout en diminuant de moitié la quantité de CO_2 relâchée dans l'atmosphère.

"Le journalisme est un métier où l'on passe la moitié de sa vie à parler de ce qu'on ne connaît pas et l'autre moitié à taire ce que l'on sait."

[Henri Béraud]

Culture confiture

LES HÂTEURS DE ROTS NE SERVENT À RIEN

Baisser la dépense sociale est toujours très difficile, car c'est remettre en cause des situations acquises. Et cela ne date pas d'hier : au XVIIIe siècle, Necker est chargé par Louis XVI de redresser les finances publiques. Il s'attaque alors aux dépenses excessives, notamment dans le fonctionnement de la maison du roi. Il y trouve 16 emplois, complètement inutiles, de "hâteurs de rots" !… (qui aidaient à faire les rots). Ces derniers faisant jouer leurs relations, Necker ne parviendra jamais à supprimer leur job. L'expression est utilisée en économie pour illustrer les difficultés à réduire la dépense publique.

Culture confiture

SANS VISA

On ne pense pas assez souvent à la chance que l'on a de détenir un passeport d'une nationalité bien accueillie dans le monde, et émanant d'un pays de libertés. Savez-vous que les passeports français et canadiens vous permettent d'entrer dans 170 pays sans visa ? Le site irisharoundoz.com répertorie dans un récent article les passeports sésame qui permettent d'entrer presque partout. N'oublions pas que la liberté de voyager est un privilège qui n'est pas donné à tout le monde.

1 – Accès sans visa à 173 pays

- Finlande
- Suède
- Royaume-Uni

2 – Accès sans visa à 172 pays

- Allemagne
- Danemark
- États-Unis
- Luxembourg

3 – Accès sans visa à 171 pays

- Belgique
- Italie
- Pays-Bas

"Je dois ma carrière à ma mère. Si elle avait cru en moi, je me serais contentée d'être secrétaire."

[Barbra Streisand]

4 – Accès sans visa à 170 pays

- Canada
- Espagne
- France
- Irlande
- Japon
- Norvège
- Portugal

5 – Accès sans visa à 168 pays

- Autriche
- Nouvelle-Zélande
- Suisse

6 – Accès sans visa à 167 pays

- Australie
- Grèce
- Singapour

7 – Accès sans visa à 166 pays

- Corée du Sud

8 – Accès sans visa à 165 pays

- Islande

9 – Accès sans visa à 163 pays

- Malaisie
- Malte

10 – Accès sans visa à 159 pays

- Liechtenstein

Sans surprise, les pays qui ne permettent pas de voyager librement sont :

- L'Afghanistan, qui donne accès à 28 pays sans visa
- L'Iraq, à 31 pays
- La Somalie et le Pakistan, à 32 pays sans visa

Rions un peu

Deux amis vont boire une bière dans un bar tous les jours depuis 3 mois. Un jour, l'un dit à l'autre :

– Demain je déménage, promets-moi de venir boire une bière pour moi tous les jours dans ce bar.

– Je te le promets.

Le lendemain, il revient et commande 2 bières. Le barman lui demande pourquoi 2 bières :

– Mon ami a déménagé et j'ai promis de boire une bière pour lui tous les jours…

Des mois se passent, et un soir, il commande juste 1 bière. Le barman lui demande :

– Il est revenu votre copain ?

– Non, j'arrête de boire.

Le savais-tu ?

L'œil peint à la proue des bateaux, dans l'Antiquité, était destiné à protéger l'embarcation et les marins des périls de la mer.

"Si ceux qui disent du mal de moi savaient exactement ce que je pense d'eux, ils en diraient bien davantage."

[Sacha Guitry]

DÉTERRER DES CORPS PROVOQUA UN INTÉRÊT POUR L'ARCHÉOLOGIE

En 1738, on entreprit les premières fouilles archéologiques sous les cendres et la lave du Vésuve, dans la cité d'Herculanum. Mais la notoriété de la petite ville est éclipsée par celle de Pompéi, car dix ans après, Pompéi est mise au jour et devient le centre de toutes les attentions.

Bien que quelques objets aient été déterrés, les premières recherches scientifiques et organisées ne commenceront qu'en 1860. Les bâtiments seront alors classés et figureront sur un plan précis. On commencera également à extraire et à reproduire les corps conservés des victimes. On déterra quelque 1 150 corps humains, sans compter les animaux, les arbres et les objets en bois – les formes de tous les corps organiques demeurés emprisonnés dans les coulées de l'éruption.
On peut voir des habitants de Pompéi dans l'attitude où la mort les a surpris. Il y en a qui tentent de s'enfuir, de protéger leurs enfants… ou de mettre leur magot à l'abri.

Ces découvertes provoqueront un engouement démesuré pour l'archéologie et l'antiquité. Les fouilles se poursuivront, avec quelques interruptions, jusqu'au XXIe siècle.

L'occasion fait le larron

Un chercheur en sécurité informatique indien a découvert une faille qui permet d'effacer n'importe quel album photo public publié sur Facebook. Il a immédiatement envoyé un message à Facebook, intitulé : "Comment j'ai piraté vos albums photo". Un billet dans lequel il détaille également les lignes de code qu'il a utilisées pour tester la faille. Facebook a apporté un correctif dans les heures qui ont suivi.

Fromage ou dessert ?

LE SAVIEZ-VOUS ?

Initialement, au XVIIe siècle, le terme restaurant désignait spécifiquement un "bouillon reconstituant fait de jus de viande concentré". C'est seulement à partir du XVIIIe siècle que le terme désignera un établissement de restauration.

"Quand on parle à Dieu, c'est une prière, quand c'est lui qui nous parle, c'est de la schizophrénie."

[Lily Tomlin]

Culture confiture

LE CACHALOT N'EST JAMAIS À COURT DE SOUFFLE

Incontestablement, le cachalot est le roi de l'apnée. Il peut passer 90 minutes sous l'eau sans respirer. Il plonge même jusqu'à 3 000 mètres de profondeur pour trouver de quoi s'alimenter.

C'est grâce à la composition de son corps que le cétacé peut réussir une telle prouesse. Sa cage thoracique flexible évite l'écrasement des poumons. Ses veines sont grosses et élastiques et peuvent stocker de grandes quantités de sang. La myoglobine, qui stocke l'oxygène dans les tissus musculaires, est beaucoup plus abondante que chez les animaux terrestres. Le sang a un taux de globules rouges élevé…

Honni soit qui mal y pense

L'AVARICE DES RICHES

Les 62 personnes les plus riches possèdent autant que la moitié de la population mondiale en 2016, soit 3,5 milliards de personnes.

En 2015, elles étaient 80 à posséder autant que la moitié la plus pauvre de la population mondiale. Il en fallait 388 en 2010 !

La richesse de ces 62 individus, dont 53 hommes, a augmenté de 44 % depuis 2010, alors que celle des 3,5 milliards de personnes les plus pauvres chutait de 41 %.

“Banquier : homme secourable qui vous prête un parapluie quand il fait beau et vous le réclame dès qu’il commence à pleuvoir.”

[René Bergeron]

La moitié de ces « super riches » vient des États-Unis, 17 sont originaires d’Europe, et les autres de pays comme la Chine, le Brésil, le Mexique, le Japon et l’Arabie saoudite.

“Le monde est devenu encore plus inégalitaire et la tendance s’accélère”, estime la directrice d’Oxfam International, Winnie Byanyima.

Environ 7 600 milliards de dollars détenus par ces individus sont placés dans des paradis fiscaux. Si des impôts étaient prélevés sur les revenus que cette richesse procure, les États obtiendraient chaque année 190 milliards de dollars de plus, a calculé Gabriel Zucman, professeur adjoint à l’université de Californie.

Jusqu’à 30 % de la richesse totale de l’Afrique est détenue dans des paradis fiscaux, ce qui représente 14 milliards de dollars de pertes de revenus fiscaux chaque année.

“Les entreprises multinationales et les riches élites ne suivent pas les mêmes règles que les autres, en refusant de payer des taxes dont la société a besoin pour fonctionner. Le fait que 188 des 201 premières entreprises mondiales soient présentes dans au moins un paradis fiscal montre qu’il est temps d’agir”, conclut Winnie Byanyima.

Le petit coin des énigmes

Un prisonnier est enfermé dans une cellule qui a une fenêtre trop petite pour qu'il puisse passer, et deux portes. Une des portes est gardée par un gardien et l'autre porte par un chien qui s'appelle Aïe. Le prisonnier est en possession d'un caillou.

Comment va-t-il faire pour s'échapper ?

Réponse :
Le prisonnier lance le caillou sur le gardien par la fenêtre, le gardien crie « Aïe ! ». Croyant qu'il l'appelle, le chien va vers le gardien et le prisonnier peut s'échapper par la porte qui était gardée par le chien.

La charrue avant les bœufs

MING, DOYENNE DES PALOURDES

Lorsqu'elle est décédée, Ming avait 507 ans, ce qui fait d'elle la plus âgée des palourdes. Découverte en 2006 sur une côte islandaise, Ming, du nom de la dynastie chinoise, a été tuée par erreur par des chercheurs gallois qui tentaient… d'établir son âge. C'est en comptant ensuite les 507 anneaux visibles sur sa coquille qu'ils sont finalement parvenus à leurs fins.

"Dans la vie on ne fait pas ce que l'on veut, mais on est responsable de ce que l'on est."

[Jean-Paul Sartre]

Loin des yeux, loin du cœur

RIEN DE MIEUX QUE D'Y ALLER POUR SAVOIR SI ON VEUT Y ALLER

Exit les brochures imprimées, bienvenue aux casques immersifs et tables tactiles pour se croire déjà sous les cocotiers : les agences de voyages françaises trouvent un nouveau souffle avec des points de vente numérisés, au design épuré.

Beaucoup de voyagistes testent l'immersion en 3D. Les éventuels clients visitent un bout de plage, le marché de la ville, des appartements de vacances, un club, comme s'ils y étaient.

La culture pas chiante

LA NASA ET LA GIRAFE

Bien avant la conquête spatiale, à cause de la gravité, les pilotes de chasse subissaient le "voile noir", un manque d'oxygène dans le cerveau provoquant des pertes de connaissance. Il était urgent de trouver une solution à cet obstacle vital.

C'est en étudiant la girafe que les spécialistes du système nerveux de la Nasa ont trouvé la solution.

La gravité voudrait que le sang ne puisse pas remonter jusqu'au cerveau de la girafe et, inversement, qu'il subisse un afflux de sang dangereux lorsqu'elle baisse la tête pour boire. Pourtant, malgré son cou interminable, la girafe n'a aucun problème de régulation du sang, grâce à un ingénieux système de clapets anti-retour sanguin. Inspiré par ce système complexe, la Nasa a conçu les combinaisons anti-G de ses astronautes, en y apportant sans cesse des améliorations. D'un premier modèle avec un système de sangles imaginé en 1941 (destinées à comprimer fortement les cuisses pour empêcher le sang de s'y accumuler), on est passé à une combinaison qui pressurise le corps grâce à de l'air comprimé, ou encore contenant un liquide qui comprime les parties basses du corps.

On pourrait presque dire que, grâce à la girafe, l'homme a pu aller sur la Lune.

Le petit coin des jeux

1. **"Le petit chat est mort" est une réplique d'Agnès dans une pièce de Molière. Laquelle ?**
   a) L'École des femmes
   b) Les Amants magnifiques
   c) Les Femmes savantes

2. **Comment s'appelle la mère de Gargantua ?**
   a) Deirdre
   b) Augre
   c) Gargamelle

Réponses : 1a/ 2c

"Tout le monde sait qu'en cas d'insomnie il suffit d'additionner mouton après mouton pour s'endormir. Mais combien de personnes savent que, pour rester éveillé, il suffit de soustraire les moutons ?"

[Les Marx Brothers]

Joie de recevoir

LE E-MAIL A DÉTRÔNÉ LA LETTRE

L'invention datait de 1971, mais nous vivions encore à l'heure du Minitel. Depuis, le e-mail est totalement entré dans les mœurs. Nous en recevons en moyenne 40 par jour (loin d'être tous importants…), et depuis 2007, le e-mail a même dépassé le téléphone comme moyen de communication. Retour en 20 chiffres sur cette révolution dont on n'a pas toujours conscience.

97 % des e-mails sont routés en moins d'une minute. Ce n'est pas une question de distance, mais de disponibilité des serveurs : un mail peut mettre plus de temps à arriver chez votre voisin qu'en Australie.

600 mails. C'est le nombre de messages électroniques adressés chaque jour à François Hollande. Pourtant, écrire au président est gratuit : il bénéficie, comme le père Noël, de la franchise postale.

3 millions de e-mails ont été adressés par l'Hadopi, la Haute Autorité mise en place en octobre 2010, à des « pirates » d'Internet qui téléchargeaient illégalement via des réseaux de peer-to-peer.

275 grammes de CO_2. C'est le bilan carbone d'un e-mail de 1 Mo. Une entreprise de 100 personnes en crée ainsi 13,6 tonnes, l'équivalent de 14 allers-retours Paris-New York.

35 millions de dollars. C'est le coût total des dépenses d'enquête et de sécurisation de la société Sony à la suite du piratage et de la révélation des mails de ses dirigeants, en novembre 2014.

4,3 milliards de Terriens disposent d'une adresse mail en 2015, soit 58,9 % de la population mondiale. En l'an 2000, ils étaient seulement 384 millions à utiliser l'arobase @.

204 millions de e-mails sont envoyés chaque minute dans le monde, soit 3,4 millions à la seconde. 25 % d'entre eux sont ouverts par le destinataire dans l'heure qui suit leur envoi.

75 % des 14 600 mails que vous recevrez cette année seront des spams. Il n'y aura donc que 3 650 mails réels par an dans vos différentes boîtes mail.

43,2 millions d'internautes ont plus d'une adresse mail. Parmi eux, 95 % consultent quotidiennement leurs e-mails à partir d'un ordinateur, 52 % utilisent aussi un smartphone et 33 % leur tablette.

2 heures par jour. C'est le temps que consacrent en moyenne les cadres à la lecture de leurs e-mails, selon l'Observatoire de la responsabilité sociétale des entreprises.

18 h 15. Dernière limite pour envoyer et recevoir des e-mails pro pour les employés de Volkswagen (et 7 heures le matin), afin d'éviter de travailler à la maison. Un principe adopté par Puma et BMW.

1 400 dollars d'amende. C'est ce que risque (au maximum) un Québécois qui utiliserait le terme e-mail au lieu de "courriel" dans un document officiel, commercial ou publicitaire.

Nul n'est prophète

À VOULOIR CÉLÉBRER UN DIEU, ILS ONT OUVERT LA PORTE À LA MORT

Lors du débarquement de Cortés sur les côtes du Yucatan, les Aztèques furent persuadés qu'il s'agissait du retour du dieu Quetzalcoatl qui, selon la légende, devait revenir par-delà la mer de l'Est, le jour nommé "un roseau", avec ses plumes qui brilleraient comme de l'argent. Il rapporterait à son peuple tous les trésors du Paradis. Effectivement, le jour du roseau, débarquèrent des hommes étincelants dans leurs armures semblables à des écailles de serpent, coiffés de plumes… Dans l'esprit de l'empereur Moctezuma, il n'y avait aucun doute : c'était Celui qu'il attendait. Mais les intentions de Cortés n'étaient pas pacifiques et cette méprise fut fatale à ce peuple.

Le petit coin des jeux

1. Complétez cette citation extraite de La Divine Comédie : "Laisse se gratter ceux qui…"
a) Sont sales
b) Ont la gale
c) Râlent

2. Qui en est l'auteur ?
a) Dante
b) William Shakespeare
c) Voltaire

3. Complétez cette phrase : "Faut pas parler aux cons…"
a) Ça les abrutit
b) Ça les instruit
c) Ça les séduit

4. Qui en est l'auteur ?
a) Michel Audiard
b) Georges Lautner
c) Le Professeur Choron

Réponses : 1b/ 2a/ 3b/ 4a

Culture confiture

PROFITE DE LA LIFE

Carpe diem est une locution latine, du Ier siècle av. J.-C., connue pour être l'une des premières à représenter le concept de la vie dans l'instant présent. Elle est extraite d'un poème d'Horace et traduite par **"Cueille le jour présent, en te fiant le moins possible au lendemain"**. Ronsard, au XVIe siècle, écrivait dans le même esprit : **"Cueillez dès aujourd'hui les roses de la vie"**, dans ses Sonnets pour Hélène. Henry David Thoreau, au XIXe siècle, disait : "Tu dois vivre dans le présent, te lancer au-devant de chaque vague, trouver ton éternité à chaque instant." L'ouvrage d'Eckhart Tolle *Le Pouvoir du moment présent* est un best-seller international qui indique à quel point le sujet est devenu important au XXe et au début du XXIe siècle.

"Je n'ai jamais pu voir les épaules d'une femme sans songer à fonder une famille."

[Groucho Marx]

Pas de quartier !

10 TRUCS POUR ÉLOIGNER LES VAMPIRES

Vous craignez de vous faire attaquer par un vampire et vous ne savez plus quoi faire ?

1. Se protéger grâce à la lumière du jour. Ne sortez jamais la nuit !
2. Porter sur soi un crucifix en argent. Faites-le bénir et portez-le à votre cou.
3. Faire le plein d'eau bénite. Gardez-en un flacon dans votre poche.
4. Engager un exterminateur de vampires professionnel. Vous pouvez entre autres engager Blade, Buffy, Van Helsing, Abraham Lincoln et Selene.
5. Manger beaucoup d'ail. Ayez une très forte haleine d'ail et utilisez des gousses à titre de décoration tout autour de vous, à la maison.
6. Se faire ami avec un prêtre. Le prêtre pourra lui aussi vous protéger contre ces suceurs de sang.
7. Rendre le cou à la fois inaccessible et indésirable. Protégez votre cou ! Portez des vêtements très épais et très difficiles d'accès et mettez un maximum de parfum à fragrance de fleurs (notamment de rose).
8. Avoir un loup de compagnie.
9. Se faire passer pour un vampire.
10. Acheter un livre spécialisé dans la survie.

Qui tire la chasse perd sa place

En Finlande, en décembre, on lève notre verre de glögg, du vin chaud épicé. Mais surtout, il faut faire un petit détour au Village du père Noël. Selon les légendes, ce serait en Finlande, au cœur de la Laponie mythique, qu'il habite avec toute sa famille.

Pissons de rire

Dans un bal costumé, une superbe brune arrive complètement nue, avec seulement des gants noirs et des bottines noires.
– En quoi êtes-vous déguisée ? lui demande le maître de maison, surpris.
– En cinq de pique ! répond la brune en souriant.

Pouce !

Si l'on déversait tout le Nutella fabriqué depuis la création du produit, on pourrait tartiner la ville de New York.

La charrue avant les bœufs

UN PORTE-BONHEUR DE PLUS EN PLUS RARE

Le fer à cheval est considéré comme un objet porte-bonheur. Cette vertu légendaire vient du fait que, autrefois, les fers à cheval trouvés étaient revendus au forgeron contre quelques espèces sonnantes et trébuchantes. Ils étaient ensuite refondus et reforgés. De plus, les métaux avaient pour réputation de protéger contre le mauvais œil.

Sa forme aussi est importante, puisqu'on y voit l'initiale du Christ ou le croissant de lune, symbole de fertilité et de chance.

Pour porter bonheur, le fer doit être placé les éponges vers le haut (donc l'ouverture vers le haut) : "Pour que le bonheur ne tombe pas" ! Il faut également qu'il soit trouvé par hasard sur la route, et de préférence encore muni de ses clous.

Une autre origine de cette tradition est la légende de saint Dunstan, forgeron qui deviendra archevêque de Canterbury, en 959. Le Diable lui ayant amené son cheval à ferrer, Dunstan cloua le fer sur le pied fourchu du démon. Celui-ci dut promettre, afin d'être libéré, de ne jamais entrer dans une maison protégée par un fer à cheval.

La culture pas chiante

La vanille est la seule orchidée dont le fruit est comestible. C'est un jeune esclave de l'île de la Réunion, Edmond Albius, qui mit au point, en 1841, une méthode de pollinisation permettant d'obtenir artificiellement les fameuses gousses de vanille.

Les points sur les i

Le petit-suisse, contrairement à ce que son nom peut faire croire, est un fromage provenant de Normandie. Le nom "petit-suisse" vient du fait que, dans les années 1850, un employé de la laiterie de madame Hérould, à Auvilliers, était de nationalité suisse.

Le savais-tu ?

NE JETEZ PLUS VOTRE MARC DE CAFÉ

Voici les quelques utilisations que vous pouvez faire de votre marc de café :

- Déboucher les canalisations.
- L'utiliser comme colorant naturel. Il suffit de faire bouillir et de tremper dedans ce que vous voulez rendre brun.
- S'en servir comme exfoliant pour le visage et le corps.
- Se laver des mains sales et malodorantes.
- Avec modération, comme additif dans votre compost ou votre terreau.
- Contre les graisses de cuisson, utilisez-le pour nettoyer votre cuisinière.
- Absorber les mauvaises odeurs du réfrigérateur. Placez du marc de café sec dans une petite boîte au fond de votre frigo.
- Le saupoudrer comme répulsif contre les fourmis autour de votre maison.
- Humide, on peut l'utiliser pour polir de fines égratignures sur des meubles en bois, en frottant en petits cercles, délicatement.
- L'appliquer sur le pelage de votre chien pendant le bain, c'est un bon répulsif contre les puces.
- Tremper votre viande dans le marc de café pour l'attendrir.
- **Et enfin, en faire une crème anti-cellulite :**

Dans un bol, placez votre marc de café, et ajoutez-y un peu d'huile d'olive. Mélangez et appliquez cette préparation sur vos jambes et vos fesses. Enrobez-les ensuite de cellophane pendant 20 minutes. Répétez l'opération deux fois par semaine.

La culture pas chiante

L'ARGENT ET SES MOTS

D'où vient le mot imposteur ?

À l'origine, un imposteur était celui qui inventait de faux impôts. C'est seulement à partir du XVIe siècle qu'il prend son sens actuel.

D'où vient le mot budget ?

En 1215, le roi Jean sans Terre est entouré de fonctionnaires aquitains qui parlent anglais. Une bourse, un petit sac contenant des pièces, se dit une bougette. C'est ainsi que le mot bougette, prononcé à l'anglaise est devenu budget.

D'où vient le mot fisc ?

Du latin *fiscus*, qui signifie panier, en référence aux grands paniers que transportaient les collecteurs d'impôts sous l'Empire romain, et dans lesquels les citoyens déposaient leurs taxes, très souvent en nature.

La construction des pyramides d'Égypte peut être considérée comme l'une des toutes premières expériences keynésiennes ! En effet, en plus d'offrir un majestueux lieu de repos éternel au pharaon, ces premiers grands travaux servaient également à fournir du travail à une population toujours plus nombreuse.

"J'ai demandé à Picasso quel était le secret de sa jeunesse. Sans hésitation, il m'avait répondu : Je pisse dehors."

D'où viennent les mots banque et banqueroute ?

Dans la Venise du XIVe siècle, les banquiers recevaient leurs clients derrière une grande table, *banca* en latin. Or, lorsque le banquier faisait faillite, un officier public brisait la table pour bien signifier la fin de son droit à exercer : selon l'expression italienne, c'est la *banca rotta*, la table brisée, qui a donné banqueroute en français.

D'où vient la première Banque centrale ?

D'Angleterre ! En 1694, Guillaume d'Orange crée à Londres un prêteur, la Bank of England, dont la mission est de racheter, quoi qu'il arrive, la dette de l'État et de garantir à ceux qui en détiennent une part qu'ils ne seront plus spoliés.

Cause toujours

D'OÙ VIENT L'EXPRESSION "PRENDRE SON PIED" ?

Il existe plusieurs explications.
Les corsaires avaient pour habitude de se partager leur butin en faisant des petits tas de 1 pied de haut (soit 33 cm). Ainsi le butin était équitablement distribué. Chacun prenait son pied et partait aussitôt sur terre pour boire et passer du temps avec les prostituées.
Une autre explication serait une coutume issue de la Grèce antique, époque où les femmes avaient l'habitude de saisir leur pied à la main pendant l'acte sexuel, afin d'augmenter leur plaisir.

"Il y a trois sortes d'hommes politiques : ceux qui troublent l'eau ; ceux qui pêchent en eau trouble ; et ceux, plus doués, qui troublent l'eau pour pêcher en eau trouble."

[Arthur Schnitzler]

Au pied du mur

POUR PERDRE 100 CALORIES

Faire 15 minutes de badminton à niveau intermédiaire
Faire 10 minutes d'abdos d'affilée
Se promener en marchant 25 minutes
Courir pendant 10 minutes
Cuisiner pendant 40 minutes
Danser sur une musique rapide pendant 10 minutes
S'embrasser pendant 40 minutes
Faire des exercices d'étirement pendant 35 minutes
Faire 10 minutes de hula hoop
Laver les vitres pendant 30 minutes
Lire pendant 1 heure
Faire de la musculation pendant 10 minutes
Nager pendant 15 minutes
Travailler 50 minutes sur l'ordinateur
Parler pendant 60 minutes
Repasser pendant 45 minutes
Passer l'aspirateur pendant 30 minutes
Faire de la corde à sauter pendant 10 minutes
Chanter pendant 60 minutes
Conduire pendant 50 minutes
Couper du bois pendant 5 minutes
Faire l'amour pendant 60 minutes
Laver une voiture pendant 30 minutes
Envoyer des sms pendant 1 heure
Rire pendant 30 minutes
Passer 10 minutes dans un sauna
Faire du shopping pendant 40 minutes
Jouer au tennis pendant 15 minutes
Faire du vélo pendant 15 minutes
Faire du yoga pendant 25 minutes

Qui m'aime me suive

La première escalade, ou plutôt la première ascension officielle, eut lieu le 28 juin 1492.
Antoine de Ville, alors capitaine de Montélimar, atteint le sommet du mont Aiguille (2 085 mètres), dans le massif du Vercors. La mission lui fut confiée par Charles VIII, curieux et impressionné par cette cime étrange que l'on disait "infranchissable". Parti avec près de dix hommes, il effectue la première ascension reconnue officiellement dans l'histoire de l'alpinisme. Il fera en effet appel à un huissier pour notifier l'exploit.

Le petit coin des jeux

1. Quel est le temps de gestation de l'éléphant ?

a) De 9 à 11 mois
b) De 12 à 14 mois
c) De 16 à 18 mois
d) De 20 à 22 mois

2. Combien de pays composent le Conseil de sécurité de l'Organisation des Nations unies ?

a) 3
b) 4
c) 5
d) 6

Réponses : 1d/ 2c.

"On dit que les Corses sont paresseux, c'est pas vrai... Ils sont vite abattus, c'est tout !"

[Laurent Ruquier]

La culture pas chiante

HISTOIRE DE PIGEONS

Tués...

Alors que le tir aux pigeons se fait aujourd'hui avec des plateaux d'argile, on utilisait de vrais oiseaux lors des premiers Jeux olympiques. À Paris, en 1900, ce sont 300 volatiles qui ont ainsi été tués. Dont 21 par le vainqueur, le Belge Léon de Lunden.

... puis honorés

Les pigeons ont été utilisés lors de la Première Guerre mondiale pour communiquer, ou même comme espions, avec des appareils photo à déclenchement programmé. En 1936, un monument est érigé en leur honneur sur le champ de mars, à Lille : "Aux pigeons morts pour la France". Avec la modernisation et la généralisation des moyens de transmission, pendant le second conflit mondial, l'emploi du pigeon décroît.

Le petit coin des listes

LE MEILLEUR DE LA MUSIQUE

Les Grammy Awards 2016, à Los Angeles, sont réservés aux poids lourds de l'industrie. Il faut y retenir l'hommage perché de Lady Gaga à David Bowie, celui de Dave Grohl à Lemmy et le clash subliminal de Taylor Swift contre Kanye West, mais aussi la performance fascinante de Kendrick Lamar. Le rappeur est entré en scène menotté avant d'interpréter "The Blacker The Berry", "Alright", puis un morceau inédit. Le tout sur une mise en scène parfaite oscillant entre paysage carcéral et rêves d'Afrique.

– Album de l'année : Taylor Swift avec "1989".

– Enregistrement de l'année : Mark Ronson et Bruno Mars avec "Uptown Funk".

– Chanson de l'année : Ed Sheeran avec "Thinking Out Loud".

– Meilleur nouvel artiste : Meghan Trainor.

– Meilleure performance pop solo : Ed Sheeran avec "Thinking Out Loud".

– Meilleure performance pop en groupe ou en duo : Mark Ronson et Bruno Mars avec "Uptown Funk".

– Meilleur album de rock : Muse avec "Drones".

– Meilleure chanson rock : Alabama Shakes avec "Don't Wanna Fight".

– Meilleure performance rock : Alabama Shakes avec “Don’t Wanna Fight”.

– Meilleur album de rap : Kendrick Lamar avec “To Pimp A Butterfly”.

– Meilleur album de musique alternative : Alabama Shakes avec “Sound & Color”.

– Meilleure performance rap : Kendrick Lamar avec “Alright”.

– Meilleure chanson rap : Kendrick Lamar avec “Alright”.

– Meilleur album de musique du monde : Angélique Kidjo avec “Sings”.

– Meilleur album de musique électronique et dance : Skrillex et Diplo avec le projet Jack Ü.

– Meilleur album R&B : D’Angelo avec “Black Messiah”.

– Meilleure chanson R&B : D’Angelo avec “Really Love”.

– Meilleure performance R&B : The Weeknd avec “Earned It”.

– Meilleur album urbain contemporain : The Weeknd avec “Beauty Behind The Madness”.

– Meilleur clip : Taylor Swift et Kendrick Lamar avec “Bad Blood”.

Le saviez-vous ?

Le 7 avril, c'est la Journée mondiale de la santé ! Pourriez-vous définir le mot santé ?

C'est en 1946 que l'Organisation mondiale de la santé (OMS) a proposé la définition suivante : "La santé est un état de complet bien-être physique, mental et social, et ne consiste pas seulement en une absence de maladie ou d'infirmité"…

Donc, la santé, c'est être bien dans son corps, dans sa tête et bien dans son environnement.

Qui m'aime me suive

Lors des Jeux olympiques d'Athènes, en 1896, les nageurs ne s'affrontaient pas dans une piscine. Un bateau les emmenait au large et le gagnant était celui qui regagnait le rivage le plus rapidement.

"Hâtez-vous de céder à la tentation avant qu'elle ne vous passe."

[Édouard Herriot]

UN CHEVAL COMÉDIEN

Hans le Malin n'était pas un cheval comme les autres. Il savait presque tout faire, compter, lire, épeler, identifier des notes de musique. Bien sûr, il ne savait pas parler, mais il tapait du sabot pour donner les réponses que son propriétaire lui posait. Ce dernier, M. von Osten, un professeur de mathématiques, réunit un comité de treize savants pour certifier le génie de Hans le Malin. Psychologues, philosophes, mathématiciens, etc., se relayèrent pour interroger Hans. Et tous furent étonnés et impressionnés des capacités intellectuelles du cheval. Hans devint la curiosité du moment et eut son heure de gloire dans toute l'Europe du xxe siècle. Jusqu'à ce qu'un psychologue élucide le mystère de cette incroyable intelligence. Il remarqua que de minuscules mouvements du visage de la personne qui interrogeait le cheval trahissaient la réponse correcte, et que ce dernier réagissait comme à un stimulus à ces petits mouvements musculaires. Un simple conditionnement lors d'un apprentissage, certes impressionnant, mais non, le cheval ne savait pas compter.

Qui s'y frotte s'y pique

Au XIXe siècle, on croyait que les abeilles reconnaissaient leur apiculteur. À sa mort, il fallait déposer un morceau de tissu noir sur les ruches, afin que les abeilles ne meurent pas à leur tour. La ruche portait ainsi le deuil.

Fromage ou dessert ?

Pour récupérer une salade flétrie, trempez-la dans de l'eau très chaude environ 1 minute, puis dans de l'eau très froide quelques minutes. Le choc thermique redonnera un bel aspect à votre salade. Cela fonctionne aussi pour le persil.

"Qui est lent comme le Suisse, borné comme le Belge, sournois comme le Hollandais, lourd comme l'Allemand, insignifiant comme le Luxembourgeois, dédaigneux comme l'Anglais, bidon comme l'Italien, et exaspérant comme le Français ? L'Européen, l'homme de demain."

[Georges Wolinski]

La culture pas chiante

JOLI ARBRE DE MAI

Sous l'Ancien Régime, il était de coutume de planter un "mai", ou arbre de mai, en l'honneur de quelqu'un. Le comté de Nice voyait filles et garçons "virer le mai" au son du fifre et du tambour, c'est-à-dire danser les rondes de mai tout autour de l'arbre de mai planté sur la place du village.

Au Japon, Mai est un prénom qui signifie "danse" ou "petite danse", qui se prononce "maille", Mai étant la transcription en système phonétique américain.

“Pourquoi un homme ne peut-il parler de la sensualité féminine sans dire d’énormes bêtises ?”

[Colette]

C’est celui qui dit qui y est

Les Gitans, Tsiganes, Roms ou Manouches seraient issus d’un groupe commun, venant de l’Inde du Nord et de l’actuel Pakistan.

“Maintenant, ils écrivent sur les bouteilles : “Attention, l’alcool est dangereux pour les femmes enceintes.” Entre nous, si l’alcool n’existait pas, y a beaucoup de femmes qui ne seraient jamais enceintes.”

[Rita Rudner]

Qui tire la chasse perd sa place

L'APPEL DE L'OR

Tout fut déclenché un jour de 1948, quand un pauvre ouvrier d'une petite scierie trouva par hasard un morceau de métal jaune. De l'or.
Un an après, ce fut la folie, entre 70 000 et 90 000 immigrants, pour la plupart américains, se précipitèrent en Californie (environ 50 % par la mer et 50 % par la terre). En 1855, ils étaient au minimum 300 000 chercheurs d'or, marchands et autres immigrants du monde entier : Mexicains, Chinois, Britanniques, Français et Latino-Américains, ainsi que des petits groupes de mineurs d'origines diverses, comme des Philippins, des Basques, ou des Turcs. Seulement un petit nombre de mineurs d'origine africaine (probablement entre 2 500 et 4 000) sont venus du sud des États-Unis, des Caraïbes et du Brésil. Les esclaves afro-américains venaient notamment en Californie parce qu'ils pouvaient y gagner leur liberté.
Mais, déjà en 1850, les ressources devinrent plus rares.
Les Américains chassèrent les étrangers.
L'État de Californie les taxa de 20 dollars par mois.
Et les Indiens furent massacrés ou moururent de faim, exilés de leur territoire de chasse.

Rions un peu

TOUT BON

Un jeune homme doit passer un concours pour postuler dans la fonction publique. Si ses réponses ne sont pas celles que l'on attend, on ne peut pas dire que ce jeune homme manque de logique.

Q1. Dans quelle bataille Napoléon est-il mort ?
Sa dernière bataille.

Q2. Où a été signée la déclaration d'indépendance ?
Au bas de la dernière page.

Q3. Dans quel État se trouve la rivière Rio Grande ?
Liquide.

Q4. Comment expliquer autant de divorces ?
Trop de mariages.

Q5. Quelle est la raison principale de l'échec scolaire ?
Les examens.

Q6. Qu'est-ce que vous ne pouvez jamais manger au petit déjeuner ?
Un dîner ou un souper.

Q7. Qu'est-ce qui ressemble le plus à une demi-pomme ?
L'autre moitié.

Q8. Si vous jetez une pierre bleue dans la mer Rouge, que va-t-elle devenir ?
Humide... très humide.

Q9. Comment un homme peut-il rester huit jours sans dormir ?
En ne dormant que la nuit.

Q10. **Comment pouvez-vous soulever un éléphant avec une seule main ?**
Impossible, ça n'existe pas, un éléphant avec une seule main.

Q11. **Si vous aviez trois pommes et quatre oranges dans une main, et quatre pommes et trois oranges dans l'autre, qu'auriez-vous ?**
De grandes mains.

Q12. **Il a fallu 8 heures à 10 hommes pour construire un mur. Combien de temps faudrait-il à quatre hommes pour le construire ?**
Inutile, le mur est déjà construit.

Q13. **Comment peut-on laisser tomber un œuf cru sur un sol en béton sans le fissurer ?**
Pas de problème, les planchers en béton sont très difficiles à fissurer.

Q14. **Complète la phrase : "Certains hommes n'ont que ce qu'ils méritent…"**
"… les autres sont célibataires !"

Des goûts et des douleurs

Le quinoa contient de 16 à 18 % de protéines, avec tous les acides aminés essentiels à la vie humaine. Il est considéré comme l'une des meilleures sources de protéines végétales de la planète.

Le petit coin des jeux

1. **Si vous souffrez de musophobie, quelle est votre peur ?**
   a) La peur des musées
   b) La peur de la musique
   c) La peur des souris

2. **Si vous souffrez de nécrophobie, quelle est votre peur ?**
   a) La peur de la vieillesse
   b) La peur des morts
   c) La peur des dents

3. **Si vous souffrez d'ophiophobie, quelle est votre peur ?**
   a) La peur des œufs
   b) La peur des éléphants
   c) La peur des serpents

4. **Si vous souffrez de phasmophobie, quelle est votre peur ?**
   a) La peur des pharmacies
   b) La peur des fantômes
   c) La peur des phasmes

Réponses : 1c/ 2b/ 3c/ 4b

"L'euro a été inventé pour rendre le salaire des riches six fois moins indécent."

[Frédéric Beigbeder]

La culture pas chiante

V COMME VENDETTA

C'est durant la Seconde Guerre mondiale que le signe V prend toute son ampleur et devient un symbole patriotique de la lutte anti-nazie.
En 1941, l'ancien ministre belge, Victor de Laveleye, proposa aux Belges, à la radio de la BBC, où il était devenu speaker, d'utiliser ce symbole en signe de lutte contre l'occupant. Il fit remarquer que le V est la première lettre du mot français "Victoire" et du mot néerlandais "Liberté" (Vrijheid). Et c'est aussi la première lettre du mot anglais Victory. La BBC relaya cette idée, dénommée ensuite "campagne des V", en Belgique, aux Pays-Bas et dans le nord de la France. Winston Churchill adhéra à cette démarche et faisait ce geste dès qu'un photographe était présent. Ce signe fut ensuite repris à travers l'Europe occupée par les Allemands et devint un signe anti-nazi.
Bien plus tard, le signe V fut également employé par le mouvement Solidarnosc, en Pologne, comme symbole d'opposition au communisme et au pouvoir en place.

Pissons de rire

Deux ivrognes sont dans une barque et dérivent depuis plusieurs jours sans avoir ni à boire, ni à manger, quand l'un deux repêche une vieille lampe à huile. Il la frotte et un vieux génie apparaît :

– Écoutez, je suis fatigué d'exaucer des vœux, alors je vais vous en accorder un seul… Réfléchissez bien !

Le premier répond aussitôt :

– Je veux de la bière à volonté, pour ne plus jamais avoir soif.

Alors le génie transforme la mer en un océan de bière. L'autre ivrogne, énervé, lui répond :

– C'est malin, maintenant on va être obligés de pisser dans la barque.

Honni soit qui mal y pense

Le Colisée de Rome, en Italie, est le plus grand amphithéâtre laissé par les Romains dans ce pays. Les plus mauvaises places assises, en haut des gradins, étaient réservées aux femmes.

Qui m'aime me suive

"TOI, T'AS UNE BONN' FIGURE, J'VEUX BEN ÊTRE TA BONN' FEMME."

Dans la cour de la prison pour femmes du dépôt Saint-Martin, à Paris, en 1719, 180 hommes et 180 femmes eurent quelques minutes pour choisir un partenaire parmi les individus réunis là.

Les consignes aux autorités pénitentiaires étaient que tous devaient être jeunes et en bonne santé afin de pouvoir fonder une famille. Il y avait là, dans la cour, des délinquants et des catins. Ces dernières avaient 5 minutes pour se décider et désigner l'heureux élu. Puis tous furent conduits à l'église Saint-Nicolas, escortés par la police armée, pour y recevoir les sacrements du mariage.

Dès les 180 offices terminés, direction La Rochelle pour être embarqués sur un bateau qui prit la destination de la Nouvelle-Orléans. Une fois qu'ils furent arrivés sur place, on leur octroya des logements gratuits, et on les présenta comme de braves Français volontaires venus avec leurs épouses pour peupler le Nouveau Monde.

Deux ans auparavant, des esclaves noirs aussi furent importés d'Afrique, au fond des cales, chaînes aux pieds. Entre 1917 et 1943, on en compte 6 000. Une partie fut envoyée dans le Pays des Illinois pour cultiver les champs ou exploiter les mines. L'économie de la Haute-Louisiane devint par conséquent esclavagiste.

Pissons de rire

UN PEU D'HUMOUR DANS LES MOMENTS GRAVES

Winston Churchill, Premier ministre britannique pendant la Seconde Guerre mondiale, avait un grand sens de l'humour.

Au cours d'un repas, à sa voisine, dont les propos l'agace :
– Vous êtes laide, tranche-t-il soudain.
– Et vous, vous êtes ivre ! lui jette-t-elle à la figure.
– Certes, Madame, mais moi, demain, cela ne se verra plus.

Lors de son quatre-vingtième anniversaire, le photographe chargé de faire une photo lui dit :
– J'espère que je pourrai prendre la photo de votre centenaire.
– Pourquoi pas, jeune homme, répond-il, vous m'avez l'air en pleine forme.

Churchill ne supporte pas son gendre. Ce dernier essaie d'engager la conversation :
– Qui avez-vous le plus admiré durant cette guerre ?
– Mussolini. Parce qu'il a eu le courage de faire fusiller son gendre.

"Il n'y a pas une grande différence entre un singe et un papillon. En tout cas, il y en a beaucoup moins qu'entre un homme et une femme..."

[Georges Wolinski]

George Bernard Shaw, dramaturge irlandais, n'éprouve aucune sympathie pour Churchill. À la première représentation d'une de ses pièces, il lui envoie cependant un carton d'invitation. Il écrit au dos : "Venez avec un ami. Si toutefois vous en avez un". Churchill lui répondit : "Je suis absent de Londres le jour de votre première représentation. Je viendrai volontiers à la seconde... Si toutefois il y en a une."

Il dira :
"En Angleterre, tout est permis sauf ce qui est interdit. En Allemagne, tout est interdit sauf ce qui est permis. En France, tout est permis même ce qui est interdit. En URSS, tout est interdit même ce qui est permis."

Dérangé lors de son dîner par un coup de fil du général de Gaulle, Churchill prend la communication en grommelant. Quelques instants plus tard, il revient finir son repas en disant : "Foutu De Gaulle, il a l'impertinence de me dire que les Français le prennent pour la réincarnation de Jeanne d'Arc. Je l'ai un peu calmé en lui rappelant que nous l'avions brûlée !"

Qui s'y frotte s'y pique

La méduse n'est pour ainsi dire constituée que d'eau : 97 % de son poids contre 70 % chez l'homme. Cette richesse en eau lui assure une faible densité et lui permet de flotter aisément. Seul un végétal peut battre ce record d'"inconsistance" : la laitue est en effet constituée de 99 % d'eau !

Fromage ou dessert ?

Pour obtenir des frites moins grasses et plus digestes, trempez-les (après les avoir découpées) dans du lait pendant environ 10 minutes. Ensuite, égouttez-les et faites-les frire.

Contrairement à l'eau, le lait empêchera les frites d'absorber trop d'huile car il enlève moins d'amidon que l'eau. C'est en fait l'amidon qui empêche les frites de trop absorber la graisse.

Le truc en plus : enveloppez les frites dans du papier absorbant après la friture pour absorber le gras.

"La morale, c'est peut-être ringard, mais ça reste encore ce qu'on a trouvé de mieux pour distinguer le bien du mal."

[Frédéric Beigbeder]

ÊTRE ENCEINTE AU MOYEN ÂGE

Conseils des médecins. Dès l'annonce du futur événement, le couple doit arrêter toute forme de sexualité. La femme doit manger en petite quantité et boire avec modération. La poire, le gingembre, la cardamome ou encore la noix de muscade sont conseillés pendant la grossesse. Il est dit que boire un peu de vin rouge, gober des œufs ou manger des coings fortifie le ventre. En revanche, il est déconseillé de manger les câpres, les olives pas mûres, les fèves, le sésame et, enfin, la menthe sauvage (qui excite). La femme ne doit pas non plus consommer de sel, sinon son enfant risque d'être chauve et sans ongles… en revanche, elle doit assouvir chacune de ses envies, et le mari est là pour l'aider. La future mère doit porter des vêtements amples, sans ceinture, pour ne pas empêcher le fœtus de grandir.

Pour ne pas enrouler le cordon autour du cou de l'enfant ou engendrer des monstres (enfant sans yeux ni bouche, enfant à deux têtes, enfant à quatre jambes), la future mère doit s'entourer d'amulettes, se protéger du soleil, éviter de croiser les mains ou encore éviter d'éternuer.

Le savais-tu ?

13 UTILISATIONS ÉTONNANTES DU DENTIFRICE

Traiter un bouton d'acné ou de fièvre, laisser poser.
Soulager une brûlure bénigne.
Blanchir les ongles, frottez et laisser poser quelques minutes.
Se débarrasser des mauvaises odeurs sur les mains, après avoir coupé de l'oignon, par exemple.
Nettoyer les joints de carrelage, frotter, laisser agir quelques instants.
Enlever les taches d'encre et de rouge à lèvres.
Nettoyer la semelle du fer à repasser.
Raviver les chaussures de sport.
Empêcher la formation de buée sur les miroirs et les vitres. Étaler un peu de dentifrice sur le miroir ou les vitres avec un chiffon doux et laisser poser quelques minutes, puis essuyer avec un chiffon humide.
Enlever les traces de crayon sur les murs.
Réparer les CD et DVD rayés : étaler du dentifrice du bout des doigts sur la partie réfléchissante du CD, laissez poser 5 minutes puis rincer et sécher. Répéter jusqu'à la disparition des rayures.
Reboucher les trous des clous sur les murs blancs : remplir le trou sur le mur avec du dentifrice (blanc) et laisser sécher.
Nettoyer et faire briller les bijoux en argent.
Enduire vos bijoux en argent de dentifrice et laisser agir une nuit entière. Le lendemain, laver sous l'eau avec un chiffon.

"C'est mal de traiter un gros de gros, mais d'un autre côté, on court plus vite qu'eux."

[Marsha Warfield]

Qui m'aime me suive

TOUJOURS PLUS HAUT

Une échelle à poissons est un dispositif permettant aux poissons de franchir un barrage.

Certaines espèces de poissons ont d'impérieux besoins de migrer (montaison et dévalaison), dans le cadre de leur cycle de développement et/ou de reproduction. C'est notamment le cas des salmonidés, mais aussi d'autres espèces, les anguilles, lamproies, aloses… ou encore les truites, qui cherchent les têtes de bassin pour se reproduire. Sans aménagements spécifiques, de nombreux ouvrages humains sur les cours d'eau rendent ces migrations impossibles, mettant en danger la survie des espèces concernées.

Pissons de rire

La maîtresse de 6e s'adresse à ses élèves :

– Quelle partie de votre corps, quand elle est stimulée, augmente de 10 fois son propre volume ?

La petite Lucie se lève et dit :

– Quel genre de professeur êtes-vous pour poser une question comme celle-là ? Je vais le dire à mes parents et au directeur et vous serez renvoyée !

La maîtresse ignore Lucie et s'adresse à nouveau à la classe…

Le petit Simon lève sa main et dit :

– La pupille, m'dame…

La maîtresse répond :

– C'est exact, Simon.

Et se retournant vers Lucie, elle lui dit :

– Je n'ai que trois choses à te dire, ma petite… Un, tu as un esprit malsain, deux, tu n'as pas appris tes leçons, et trois, tu seras énormément déçue quand tu seras grande.

Pas de fumée sans feu

Il n'y a plus de lâcher de colombes depuis les Jeux olympiques de Séoul, en 1988. À l'époque, une dizaine d'oiseaux avaient choisi de s'envoler vers la flamme. Lorsqu'elle s'est allumée, ils ont tous fini grillés.

Plaisir d'offrir

LES SECRETS DE LA BAVE

La bave d'escargot est utilisée depuis plusieurs décennies dans des sirops pour la toux, dans certaines pommades antibiotiques, et dans des produits cosmétiques.

L'escargot a la capacité de s'auto-guérir et de s'auto-régénérer grâce à sa sécrétion. S'il casse sa coquille, il est capable de la reconstituer en quelques jours.

De même, c'est leur bave qui préserve les limaces des blessures et des infections. Jadis, on avalait des limaces toutes crues afin de soigner les maladies pulmonaires. Pour renforcer leur organisme, les soldats de l'armée napoléonienne en emportaient avec eux au cours des campagnes guerrières. Les dernières découvertes scientifiques confirment les propriétés de la bave de ces deux gastéropodes.

Les points sur les i

Le mot cimetière provient du grec *koimêtêrion*, qui signifie “dortoir”.

Le savais-tu ?

Le monde du silence ? Certainement pas le monde sous-marin ! Presque tous les poissons sont très bruyants. L’eau étant un bon conducteur des sons (meilleur que l’air), les poissons s’en donnent à cœur joie dans le royaume liquide. Ils se frappent les flancs avec leurs nageoires, ce qui a pour effet de faire vibrer leur vessie natatoire, une véritable caisse de résonance emplie d’air qui leur assure aussi l’équilibre dans l’eau.

“Le progrès historique est vraiment lent. Il faut parfois tout un siècle pour reculer de cinquante ans.”

[Paavo Haavikko]

Fromage ou dessert ?

UNE DISPUTE CROUSTILLANTE

L'invention des chips est attribuée à George Crum, un chef cuisinier américain. En 1953, un client du restaurant dans lequel travaillait Crum renvoie ses frites en cuisine, par deux fois, prétextant qu'elles étaient trop épaisses. Excédé, Crum émince les pommes de terre aussi finement que possible. Contre toute attente, ces "copeaux" de pommes de terre ont un véritable succès. Cependant, George Crum étant à la fois afro-américain et amérindien, il ne pourra en aucun cas déposer de brevet aux États-Unis pour cette invention. Attention, en français, selon Larousse 1959 et Robert 1972, chips est un masculin pluriel. Chipon est le singulier de chips. À l'origine, on disait donc : "Pourrais-tu me passer un chipon ?"

Le petit coin des jeux

CHERCHEZ L'INTRUS

1. • Chien
   • Perroquet
   • Tortue
   • Renard

2. • Capitaine Cook
   • Charles Mackintosh
   • Marco Polo
   • Paul-Émile Victor

3 • Victoria
   • Élisabeth
   • Loch Ness
   • Titicaca

4. • Tignes
   • Serre-Chevalier
   • Courchevel
   • Baqueira-Beret

5. • Perpignan
   • Collioure
   • Narbonne
   • Canet-en-Roussillon

Réponses :
1. Le renard n'est pas un animal domestique.
2. Charles Mackintosh, le seul à ne pas être un explorateur.
3. Élisabeth n'est pas un lac.
4. Baqueira-Beret, la seule station de ski qui ne se trouve pas en France.
5. Narbonne est la seule à se situer dans l'Aude (11).

"Le Trésor public fait de plus en plus de retenue à la source. J'attends l'étape suivante, quand le percepteur viendra demander du fric directement aux mecs qui vont bosser le matin. On paie, sinon on ne peut pas aller travailler."

[Jean Yanne]

Les points sur les i

DITES AU HASARD DES NOMBRES À DEUX CHIFFRES

Les nombres que l'on rencontre dans la vie quotidienne obéissent à une loi assez inattendue. La loi de Benford fait référence à la fréquence du premier chiffre d'un nombre. Quand on étudie un ensemble de données, on pourrait s'attendre qu'il y ait autant de nombres qui commencent par un 1 que par un 4, ou encore par un 6, etc.

On devrait donc voir apparaître autant 1 à 9 en premier chiffre d'un nombre (soit 11,1 % de chances pour chacun). Cette loi n'inclue pas le zéro.

Or, contrairement à l'intuition, le premier chiffre non nul le plus fréquent est 1, pour près du tiers des observations.

Le chiffre 2 est ensuite lui-même plus fréquent que le 3… et la probabilité d'avoir un 9 comme premier chiffre significatif n'est que de 4,6 %.

Cette loi est observable pour n'importe quel domaine et partout.

Dans des comptes ou autres données falsifiés, on constate que les chiffres 5 et 6 prédominent toujours (les 5 apparaissent environ 40 % du temps, et les 6, environ 20 %). Ils ne suivent donc pas la loi de Benford et les supercheries sont alors détectables.

Cette loi est admise comme vraie et a plusieurs applications :
Détection de la fraude fiscale
Détection de la fraude comptable
Détection de la fraude électorale
Détection de fraude scientifique : des données contrefaites dans des articles scientifiques

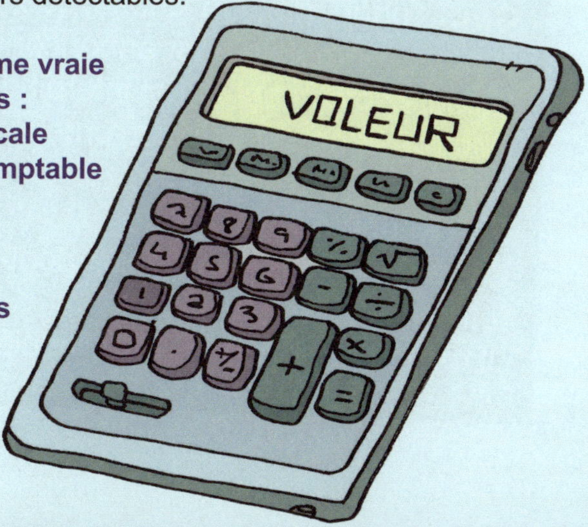

Le petit coin des énigmes

Un crocodile s'est emparé d'un bébé et propose à la maman :

– Si tu devines ce que je vais faire, je te le rends, sinon, je le dévore.

– Tu vas le dévorer, répond la mère.

Que va-t-il se passer ? Le crocodile va-t-il dévorer le bébé ?

• Oui • Non

Réponse :

Non, parce que c'est un dilemme auquel il est impossible de répondre : si le crocodile dévore le bébé, la mère a bien deviné et le crocodile doit rendre le bébé. Et si le crocodile ne dévore pas le bébé, la mère s'est trompée et le crocodile doit dévorer le bébé...

La charrue avant les bœufs

RETOURNONS À L'ÉCOLE

Ceci ou Cela

Ceci, pour quelque chose que l'on n'a pas encore évoqué, s'emploie pour annoncer ce qui va suivre.
"Écoutez bien ceci : il est interdit de jouer avec le feu."
Ceci désigne ce qui est proche de la personne qui parle :
"Tiens, prends ceci !"
Cela, pour quelque chose dont on a déjà parlé, fait référence à ce qui précède.
"Il est très en retard, cela m'inquiète."

La charrue avant les bœufs

MI-ZÈBRE, MI-CHEVAL

Le zébrule ou le zorse (en anglais) est un animal hybride issu du croisement d'un zèbre et d'une jument.
Sa morphologie est proche de celle du cheval, mais il porte des rayures sur une grande partie du corps. Il peut être mâle ou femelle, mais il est toujours stérile.
Le premier engouement pour le zébrule date de la fin du XIXe siècle. Certains ont vu dans cet animal métissé un auxiliaire pour l'armée. Il est plus fort et plus intelligent que la mule. Les Anglais auraient aussi employé des zébrules dans leurs régiments indiens. Plus récemment, et spécialement aux États-Unis, le zébrule est devenu un animal de cirque ou d'agrément.

Loin des yeux, loin du cœur

UN SORTILÈGE D'AMOUR

Voici un petit sortilège d'amour de magie blanche destiné aux célibataires, afin de rencontrer l'amour de leur vie et de vaincre la solitude. Il est préférable d'attendre la semaine suivant la nouvelle lune.

Les ingrédients du sortilège d'amour de magie blanche :

– Pétales de roses rouges (environ une dizaine)
– 1 bougie blanche et 3 bougies jaunes
– Un verre de thé vert à la menthe avec du miel

La préparation du sortilège d'amour de magie blanche :

Placez les 3 bougies jaunes de manière à former un triangle, posez la bougie blanche au milieu.
Disposez tout autour les pétales de roses rouges.
Mettez-vous à genoux face aux bougies et allumez-les.

Nul n'est prophète

Neve Shalom – Wahat as Salam est un village, en Israël, habité par des citoyens israéliens juifs et arabes qui œuvrent à l'égalité des droits et à l'entente entre les deux peuples.

L'accomplissement du sortilège d'amour de magie blanche :

Récitez l'incantation ci-dessous.

Buvez le verre de thé.

Éteignez les bougies une à une, en commençant par la bougie blanche.

Réunissez les pétales de roses, laissez-les sécher une semaine entre deux feuilles de papier aluminium, puis dispersez les pétales dans un cours d'eau.

L'incantation du sortilège d'amour de magie blanche :

Cette incantation de magie blanche d'amour est à réciter calmement, à voie basse, mais de façon distincte. La magie blanche d'amour, comparable à la magie rouge, requiert une précision particulière dans les mots utilisés lors de l'incantation.

"Je t'invoque, Aphrodite, ô déesse de l'Amour, j'attendris ton cœur comme le font ces bougies,
Je t'invoque, Aphrodite, ô déesse de l'Amour, afin que je puisse trouver l'âme sœur,
Je t'invoque, Aphrodite, ô déesse de l'Amour, pour vaincre enfin ma solitude,
Telle est ma volonté."

Pissons de rire

Dans un tribunal…

Le greffier : Répétez après moi, s'il vous plaît : "Je jure devant Dieu…"

Le témoin : "Je jure devant Dieu…"

G : "… Que le témoignage que je vais apporter…"

T : Oui.

G : Répétez-le.

T : Répétez-le.

G : Non ! Répétez ce que j'ai dit.

T : Ce que vous avez dit quand ?

G : Que le témoignage que je vais apporter…

T : … Que le témoignage que je vais apporter…

G : … Sera la vérité et…

T : Oh, oui ! Et rien que la vérité !

G : S'il vous plaît, contentez-vous de répéter après moi : Sera la vérité et…

T : Je ne suis pas lettré, vous savez.

G : Nous pouvons le constater. Répétez après moi : Sera la vérité et…

T : Sera la vérité et…

G : Dites : Rien…

T : D'accord. (Le témoin se tait.)

G : Non ! Ne dites pas rien. Dites : Rien que la vérité.

T : Oui.

G : Pouvez-vous dire "Rien que la vérité" ?

T : Oui.

G : Eh bien, faites-le !

T : Vous m'embrouillez.

G : Dites simplement : Rien que la vérité !!

T : C'est tout ?

G : Oui.

T : Bien. Je comprends.

G : Alors dites-le !

T : Quoi ?

G : "Rien que la vérité".

T : Mais je le fais ! Je dirai la vérité.

G: Vous devez dire : "Rien que la vérité !!"

T : Mais je dirai toute la vérité !

G : S'il vous plaît, répétez ces quatre mots : Rien, Que, La, Vérité.

T : Quoi ? Vous voulez dire, comme ça ?

G : Oui ! Comme cela, s'il vous plaît. Dites simplement ces quatre mots.

T : Rien. Que. La. Vérité.

G : Merci.

Retour de bâton

UN ENTERREMENT SANGLANT

À l'origine, le combat de gladiateurs était une variante d'un rite funéraire étrusque. Ces jeux étaient donnés à titre privé, pour honorer des aristocrates morts.

On obligeait des esclaves à se battre. Ainsi ces hommes, sacrifiés, pouvaient accompagner le défunt dans son voyage dans l'autre monde.

Mais ces combats furent de plus en plus populaires, et il fallut les transférer au Forum.

Tant et si bien que, à l'époque impériale, ils devinrent publics. Les spectateurs y venaient vêtus de sombre en souvenir du lien d'origine avec la mort.

Puis, progressivement, ces combats sont devenus un divertissement. Pendant 600 ans, une foule déchaînée a applaudi au carnage des gladiateurs et des animaux.

Le petit coin des jeux

Sybille et Amandine se reposent dans un café parisien. Sybille prend une tasse de thé et Amandine prend une même tasse de lait.

– Je te donne une cuillerée de thé dans ton lait, dit Sybille.

– OK, répond Amandine, et maintenant je vais te donner une cuillerée de mon lait au thé dans ton thé.

Sybille a-t-elle moins de lait dans son thé qu'Amandine n'a de thé dans son lait ?

• Oui • Non

Réponse :
Non. En réalité, il y a autant de thé dans le lait que de lait dans le thé. Au départ, cela ne paraît pas évident car Sybille donne une cuillerée de thé pur alors qu'Amandine ne donne pas une cuillerée pleine de lait. Mais la tasse de Sybille n'est plus entièrement pleine, ce qui fait qu'elle n'a pas besoin d'une pleine cuillerée de lait. Finalement, chacune se retrouve bien à la fin avec la même quantité de liquide qu'au départ.

“J'ai vu un dragueur s'approcher de quatre femmes dans un bar et leur demander : Mais qu'est-ce que vous faites toutes seules ?”

[Lily Tomlin]

La culture pas chiante

LA FONTE DES GLACES

Non, la fonte des icebergs n'entraîne pas l'élévation du niveau de la mer ! N'oublions pas l'explication d'Archimède :

“Tout corps plongé dans un fluide au repos, entièrement mouillé par celui-ci ou traversant sa surface libre, subit une force verticale, dirigée de bas en haut et opposée au poids du volume de fluide déplacé.” Cette force est appelée poussée d'Archimède.

Pour faire plus simple : remplissez un verre d'eau aux deux tiers environ, ajoutez-y un glaçon et marquez le niveau atteint par l'eau avec un trait. Attendez que le glaçon fonde (au soleil, sous une lampe si vous êtes impatient) et regardez le niveau de l'eau. Vous constaterez que le niveau de l'eau est toujours le même.
L'eau non salée des icebergs occupe un peu moins de place que l'eau de mer, plus dense. Les scientifiques évaluent donc la hausse du niveau de la mer à 4 cm.
En revanche, ce qui est inquiétant et fait augmenter le niveau de l'eau est le réchauffement climatique lui-même, car un liquide augmente de volume (on dit qu'il se dilate) quand la température augmente, et provoque la fonte de la glace située **sur** les continents.
Les scientifiques annoncent que le niveau des océans devrait s'élever de 18 à 59 cm d'ici à 2100.

Les points sur les i

Et vous, avez-vous déjà eu la curiosité de lire intégralement les conditions générales de vos services Web préférés ?

Ainsi, les entreprises l'ont bien compris et jouent parfois avec ce phénomène… À l'instar du scandale qu'avait suscité Instagram, le réseau social bien connu qui repose sur les échanges de photos. Instagram avait changé en douce les Conditions générales d'utilisation de son service, rendant l'ensemble des photos de ses utilisateurs potentiellement commercialisable par le service sans leur consentement. Hélas pour eux, cette mesure n'est pas passée inaperçue, comme ils l'escomptaient, et ils ont été obligés de faire machine arrière sous la pression de ses millions d'utilisateurs…

Le petit coin des jeux

1. Il apparaît pendant la Renaissance et consiste à valoriser l'Homme, à le placer au centre de son univers :

a) L'humanisme
b) Le cartésianisme
c) L'objectivisme

2. Il date de l'antiquité et incite au bonheur et à la sagesse :

a) L'idéalisme
b) L'épicurisme
c) Le rationalisme

Réponses : 1a/ 2b

Le savais-tu ?

PASSE-MOI LE SAVON

Le savon de Marseille provient du savon d'Alep, en Syrie, qui existe depuis des milliers d'années. Le mode de fabrication de celui-ci, à base d'huile d'olive et de laurier, s'est répandu à travers le bassin méditerranéen, à la suite des croisades, en passant par l'Italie et l'Espagne, pour atteindre Marseille.

Pissons de rire

Q : Docteur, avant de faire votre autopsie, avez-vous vérifié le pouls ?
R : Non.
Q : Avez-vous vérifié la pression sanguine ?
R : Non.
Q : Avez-vous vérifié s'il respirait ?
R : Non.
Q : Alors, il est possible que le patient ait été vivant quand vous avez commencé l'autopsie ?
R : Non.
Q : Comment pouvez-vous en être certain, Docteur ?
R : Parce que son cerveau était sur mon bureau dans un bocal.
Q : Mais le patient ne pouvait-il quand même pas être encore en vie ?
R : Il est possible qu'il ait été encore en vie et en train d'exercer le métier d'avocat quelque part.

"Pour lutter contre le mal de mer, sucez une noix de muscade (sans l'avaler, c'est toxique). Si vous n'avez pas de noix de muscade, allez-y à bicyclette."

[Pierre Desproges, *L'Almanach*]

La culture pas chiante

LES PAROLES DE SAGESSE

« Les Sept Sages » était le titre donné par la tradition grecque à sept anciens hommes politiques, législateurs ou philosophes de la Grèce antique. Ils étaient sept, comme les Sept Merveilles du monde ou les Sept contre Thèbes. La liste date de – 586.

Platon fournit la liste la plus ancienne des Sept Sages. Selon les écrits, cette liste et les devises varient.

Solon d'Athènes : "Je deviens vieux en apprenant toujours", "Rien de trop."
Pittacos de Mytilène : "Saisis le moment opportun."
Cléobule de Lindos : "La mesure est la meilleure des choses."
Bias de Priène : "La plupart des hommes sont méchants."
Périandre de Corinthe : "Prudence en toute chose."
Thalès de Milet : "La mort ne diffère en rien de la vie", "Ne te porte jamais caution."
Chilon de Lacédémone : "Connais-toi toi-même."

Pissons de rire

Un soir, au dîner, la petite dernière demande à son père :

– Papa, pourquoi t'es toujours tout rouge ?

– Ben tu vois ma fille, c'est l'été, et en mobylette, tu prends des coups de soleil et ça te donne la peau toute rouge.

La fillette opine du chef mais ne paraît pas totalement convaincue.

– Mais papa, en hiver aussi t'es tout rouge…

– Oui ma fille, mais en hiver il fait froid. Sur la mobylette, le froid et la vitesse, ça te fait la peau toute rouge.

Alors la mère, excédée, saisit la bouteille de Pastis et la tend à sa fille :

– Tiens, passe la mobylette à ton père !

Fromage ou dessert ?

La cochenille, un petit insecte qui parasite nos plantes, est utilisée pour la fabrication de colorants industriels. On retrouve ces colorants dans des produits de notre alimentation courante tels que les merguez, les bonbons, le soda, etc.

"Quand un cachalot vient de droite, il est prioritaire. Quand il vient de gauche aussi."

[Olivier de Kersauson]

Joie de recevoir

LES LETTRES DE NOBLESSE DE LA BAGUETTE

Le Grand Prix de la meilleure baguette a été décerné cette année à la boulangerie La Parisienne, située dans le 6e arrondissement de Paris.
Le lauréat de ce concours, créé en 1994, et organisé chaque année par la chambre professionnelle des artisans boulangers de Paris, remporte une médaille, un prix de 4 000 euros, et surtout devient le fournisseur officiel de l'Élysée pendant un an.
Mais pour concourir, la baguette doit remplir des conditions strictes : une longueur comprise entre 55 et 65 cm, un poids oscillant entre 250 et 300 g, et une teneur en sel de 18 g par kg de farine.
Ces normes font d'ailleurs partie d'une réglementation qui date de l'époque de Napoléon III. Car si le pain est cité dans l'Ancien Testament et remonte à la naissance de l'agriculture et aux premières semailles de blé dans le Croissant fertile (à la frontière de l'Iran et de l'Irak d'aujourd'hui), la baguette, pour sa part, n'apparaît qu'au XIXe siècle.

“Lorsque vous portez une paire de bottes, vous ne vous heurtez jamais dans un meuble. Mais si vous vous promenez nu-pieds, tout le mobilier se jette sur vous et vous frappe.”

[Jerome K. Jerome]

Le savais-tu ?

Si votre pull a rétréci au lavage, trempez-le dans une bassine d’eau tiède avec du shampoing ou de la glycérine (vendue en pharmacie). Rincez-le. Il ne faut pas l’essorer ni le tordre, mais l’étendre sur un cintre à épaules larges pour éviter qu’il ne se déforme.

“Mes parents, malgré le bruit de la rue, s’entendaient bien.”

[Pierre Dac]

Culture confiture

MOINS BIEN QUE LES BOUQUINS, MAIS MAGNIFIQUE À VOIR

Saviez-vous que vous pouviez visiter le musée de l'Art catalan, le musée d'Art moderne de New Delhi, le Palais de Versailles, et des dizaines d'autres musées prestigieux à travers la planète, tout en restant chez vous ?
Mettre l'art à portée de clic est le projet ambitieux de Google Art.
Plus de 150 lieux d'expositions, l'accès à plus de 30 000 œuvres… Mais ce qui fait réellement l'originalité du Google Art Project, c'est la possibilité de visiter virtuellement 46 musées situés dans le monde entier, sur le même principe que celui de Google Street View. Panorama à 360°, zoom sur les œuvres (on voit le plus infime coup de pinceau), parfois quelques explications… Bref, tout y est. Rien qu'en France, six musées ont décidé de jouer le jeu : le musée d'Orsay, le musée du quai Branly, les châteaux de Versailles et de Chantilly, ainsi que le musée de l'Orangerie.
Autre poids lourd dans le domaine des bases de données liées à l'art, WikiPaintings s'inscrit sans aucun doute comme le site le plus complet. Plus de 7 millions d'œuvres sont ainsi proposées, en moyenne ou haute définition. Bien plus que Google, le site est une vraie mine d'or et très facile à utiliser. Attention, les noms francisés des artistes ne sont pas reconnus par le moteur de recherche.
Ainsi, une recherche sur "Le Caravage" ne retournera aucun résultat et vous trouverez votre bonheur en tapant "Caravaggio".

Les points sur les i

Pour augmenter la durée de vie de votre matelas, voici quelques gestes d'entretien simples :
Aérez régulièrement votre matelas : pour cela, il faut simplement aérer la pièce quotidiennement pendant un bon quart d'heure.
Retournez le matelas : une fois tous les trois mois pour que l'usure soit uniforme. Retournez-le verticalement et en inversant chaque fois la tête et les pieds.
Passez l'aspirateur régulièrement sur votre matelas, idéalement une fois par mois, afin de le dépoussiérer.
Entretenez l'hygiène du matelas : saupoudrez-le de bicarbonate de soude, laissez agir 2 heures puis aspirez.
Optez pour un bon protège-matelas : un matelas restera propre aussi longtemps qu'il sera protégé de façon adéquate. En optant pour une alèse de qualité, vous prolongerez la durée de vie de votre matelas et le protégerez des taches de transpiration, de sang, de café, d'urine...

"La semaine du travailleur a sept jours, la semaine du paresseux a sept demains."

[Proverbe français]

Culture confiture

UN AMOUREUX DES BELLES LETTRES

Linné, naturaliste suédois, né en 1707, consacra sa vie à nommer la plupart des êtres vivants et à les ordonner selon leur rang.
Son système ne fut pas toujours accueilli avec chaleur. Beaucoup étaient troublés par son classement, qui se fondait sur des critères à caractère sexuel, lorsqu'il comparait le calice à un lit nuptial et la corolle à un rideau pudique.

Pourtant, les noms courants de beaucoup de plantes et d'animaux pouvaient être très imagés. Existait déjà, par exemple, le pissenlit, qui doit son nom à ses propriétés diurétiques supposées.

Mais aussi :
- Le pet de jument
- La merde du diable
- Les dames nues
- Les couilles ballantes
- La pisse de chien
- Le con ouvert
- L'éponge à fesses
- La prune de monsieur
- L'herbe aux femmes battues

Le petit coin des jeux

1. **On envisagea à Paris un chemin de fer sans rails où des voitures en forme de gondoles se déplaçaient en prenant appui sur des réverbères.**
   - Vrai
   - Faux

2. **En Inde, les feuilles de bétel servent de chewing-gum.**
   - Vrai
   - Faux

3. **On trouve le rougail dans le couscous tunisien.**
   - Vrai
   - Faux

4. **La Grande Muraille de Chine est le seul monument visible de la Lune.**
   - Vrai
   - Faux

5. **Depuis octobre 2003, la Chine est le troisième pays à avoir envoyé un homme dans l'espace après l'ex-Union soviétique et les États-Unis.**
   - Vrai
   - Faux

6. **Le Nil est le plus long fleuve du monde.**
   - Vrai
   - Faux

7. **En russe, "Glasnost" signifie restructuration.**
   - Vrai
   - Faux

8. **L'Everest tient son nom de George Everest, premier géomètre à l'avoir mesuré.**
   - Vrai
   - Faux

9. **La capitale de l'Australie est Sidney.**
   - Vrai
   - Faux

5. **Il y a des nomades sur le territoire canadien.**
   - Vrai
   - Faux

Réponses : 1. Vrai/ 2. Vrai/ 3. Faux. Le rougail est une épice/ 4. Vrai. Elle fait plus de 6 000 km de longueur/ 5. Vrai/ 6. Faux. C'est l'Amazone, avec ses 7 100 km/ 7. Faux. "Glasnost" signifie transparence. C'est l'un des mots d'ordre des réformes de Gorbatchev/ 8. Vrai/ 9. Faux. C'est Canberra/ 10. Vrai. Les Inuits vivent dans le nord-ouest du Canada.

La culture pas chiante

LUCY

En 1974, dans le sud de l'Éthiopie, une expédition de 17 paléontologues découvre 52 restes d'un squelette vieux de 3 millions d'années. Restitué à 40 %, le corps sera baptisé Lucy. L'australopithèque de 1,20 mètre avait, selon les scientifiques, 20 ans au moment de sa mort.

Le squelette de Lucy est le plus ancien squelette humain jamais retrouvé.

"L'amour fait passer le temps, le temps fait passer l'amour."

[Proverbe italien]

“Le poulet cocotte n’a aucun rapport avec les policiers efféminés.”

[Pierre Dac]

Cause toujours

Le comportement territorial se manifeste aussi chez les mouettes. Lorsqu’elles se posent, chacune se ménage un espace vital imaginaire de 30 cm autour d’elle. Une autre mouette ne s’aviserait pas de violer cette frontière virtuelle.

Pissons de rire

“Entre
Ce que je pense
Ce que je veux dire
Ce que je crois dire
Ce que je dis
Ce que vous avez envie d’entendre
Ce que vous croyez entendre
Ce que vous entendez
Ce que vous avez envie de comprendre
Ce que vous croyez comprendre
Ce que vous comprenez,
Il y a dix possibilités qu’on ait des difficultés à communiquer
Mais essayons quand même…”
Edmond Wells

Chère Dames, n’oubliez pas la prochaine vente pour nos œuvres de charité. C’est une bonne occasion pour vous débarrasser des choses inutiles que vous avez chez vous. Amenez vos maris !

La culture pas chiante

CETTE EXPRESSION EST EMPRUNTÉE AU LANGAGE DE LA MARINE.

Au XVIIe siècle, les “branles” désignaient les hamacs qui faisaient office de lits pour les marins. Le “branle-bas” correspondait à un signal émis sur le navire le matin, à la suite duquel chacun devait décrocher son hamac et nettoyer le bateau. Il existait également le “branle-bas de combat”, qui était un signal émis lorsque le bateau allait être attaqué. Les marins devaient alors décrocher leur couchage pour pouvoir avoir plus de place lors de la bataille. Tout cela se faisait le plus rapidement possible, donc dans l’agitation. C’est à partir du XIXe siècle que l’expression a commencé à être employée au sens figuré, symbolisant alors un remue-ménage, une agitation désorganisée.

Fromage ou dessert ?

DÉCOUVREZ NOS 10 ASTUCES SANTÉ ANTI-GRIGNOTAGE...

Le grignotage, en plus d'être mauvais pour la santé, est connu pour être l'ennemi des régimes et des alimentations équilibrées car il est souvent constitué d'aliments gras et/ou sucrés.

Buvez à petites gorgées tout au long de la journée, afin que l'estomac se remplisse lentement.

Une étude américaine révèle que boire un verre d'eau avant chaque repas accélérerait la sensation de satiété et aiderait donc à perdre du poids.

Prenez un petit déjeuner : il doit apporter entre 20 et 25 % de l'énergie totale de la journée.

Mangez assis(e) dans le calme et mâchez soigneusement les aliments. Il faut 20 minutes avant que l'estomac n'envoie au cerveau un message de satiété.

Le petit coin des énigmes

Deux avions décollent au même moment, l'un d'eux voyage de Paris à New York et l'autre de New York vers Paris.

Ils empruntent le même couloir aérien, les deux avions sont en tout point identiques et utilisent la même puissance. Seulement voilà, le vol New York-Paris met seulement 6 h 30, tandis que le vol Paris-New York met 7 h 15.

Pourquoi ?

Réponse : C'est physique, ou plutôt météorologique, les vents au-dessus de l'Atlantique se déplacent d'ouest en est. Ils aident donc le vol New York-Paris à être moins long.

Contrairement aux idées reçues, il ne faut pas attendre de ressentir la faim pour manger. Il est conseillé de manger toutes les 4 heures.

Reconnu pour ses effets brûle-graisses et diurétiques, le thé vert favorise l'action des hormones rassasiantes dans notre organisme.

Pour allier l'action "coupe-faim" et anti-oxydante, il est conseillé de laisser infuser 2,5 g de thé vert au moins 2 minutes dans une eau à plus de 90 °C et d'en boire plusieurs fois par jour.

Privilégiez des aliments riches en fibres en début de repas. Ainsi, la satiété se manifestera plus rapidement et s'installera durablement. La mâche, la pomme et l'aubergine sont par exemple très rassasiantes.

Le petit coin des JEUX

Elvire veut connaître le code d'ouverture d'un casier. Personne ne veut lui donner ce code. Elle questionne à gauche et à droite et finit par recueillir les indices suivants :

1. Le dernier chiffre est 3, 6 ou 7.
2. La somme des deux premiers chiffres est 13.
3. Le quatrième chiffre est impair.
4. La somme du premier et du dernier chiffre est 9.
5. Tous les chiffres sont différents et il n'y a pas de zéro.
6. La somme des cinq chiffres est 21.

Trouvez le code d'ouverture.

67 413. Le premier chiffre est 6, 3 ou 2 (indices 1 et 4). Le deuxième chiffre est 7 (indice 2). Donc, le premier chiffre est 6 et le dernier est 3. La somme des deux chiffres qui manquent est 5 (indice 6). Le quatrième chiffre est 1 (indices 3 et 5).

"Le meilleur lifting, c'est l'amour, mais en général, c'est peut-être plus facile de trouver un chirurgien esthétique qu'un homme qui vous aime."

[Emmanuelle Béart]

Qui tire la chasse perd sa place

UNE BIEN ÉTRANGE HISTOIRE

Le 23 novembre 1944, un bombardier B-17 se pose en catastrophe, sur une piste de campagne, à quelques kilomètres au sud-est de Bruxelles. Le pilote, paniqué, avait eu le temps de signaler des problèmes étranges de commandes qui ne répondaient plus et de moteurs hors service.

Après l'atterrissage, personne ne sort de l'avion. Un officier anglais découvre que l'avion est vide… Dès que le pilote fut retrouvé, il expliqua qu'il avait enclenché le pilotage automatique et sauté en parachute, et confirme ne pas avoir sorti le train d'atterrissage.

Le B-17 se serait donc posé tout seul sur la piste ? Force fut de constater que toutes les ouvertures de l'avion étaient fermées de l'intérieur et que la commande du train d'atterrissage était bien bloquée, preuve que celui-ci n'était pas sorti de lui-même.

Alors, est-ce à dire que quelqu'un avait refermé les ouvertures et repris le contrôle de l'avion après, une fois le pilote éjecté ? Mais qui ? Le pilote était seul.

Le mystère reste entier.

"Un romantique après l'amour, il déprime... Les femmes, avec les romantiques, c'est pendant, qu'elles dépriment."

[Patrick Timsit]

Pissons de rire

Deux amis conversent. Un des deux est tracassé et voudrait en faire part à l'autre :

– Que t'arrive-t-il, mon grand ?

– Tu te souviens quand je travaillais à Vires, eh bien, je me suis fait virer !

– Oui, et alors ?

– Ensuite, j'ai été recruté à Limoges, et je me suis fait limoger...

– Euh, oui... Et après ?

– Plus tard, j'ai travaillé à Lourdes et je me suis fait lourder.

– Je vois, je vois... Et c'est pour ça que tu te fais des soucis ?

– C'est-à-dire qu'aujourd'hui, on me propose un poste à Castres. Alors, j'hésite un peu...

"Pour se marier, il faut être deux, pour le rester, il faut être au minimum trois."

[José Artur]

Qui s'y frotte s'y pique

UN INSECTE GÉANT

Bien avant les dinosaures, un géant ailé semait la terreur autour de lui. Il s'agit du Méganeura, une libellule géante qui volait à plus de 30 km/h. C'est en 1940 qu'on a retrouvé les traces de cet ancien insecte dans le comté de Noble, dans l'Oklahoma, dans le sud des États-Unis. Un fossile vieux de 275 millions d'années de la plus grande aile d'insecte jamais découverte.

Pourvu de 4 ailes et d'une envergure de 75 centimètres pour les antérieurs, le Méganeura était 6 fois plus grand que la plupart des libellules actuelles. S'il vivait encore aujourd'hui, il serait de la taille d'un faucon et son envergure équivaudrait à la longueur du bras d'un homme de 1,80 mètre.

Le petit coin du futur

L'intelligence artificielle n'est pas pour tout de suite

La question s'est posée avec le jeu de go organisé entre le champion coréen Lee Sedol et le système d'intelligence artificielle d'une filiale de Google. Même si la machine a gagné, un spécialiste de IA rappelle que "la machine est incapable de répondre à des questions dont la réponse ne se trouve pas sur Internet", "elle ne peut pas répondre à la question : les hippopotames peuvent-ils jouer au ping-pong, alors que n'importe quel enfant de 4 ans connaît la réponse".

Cause toujours

Le nom de Grand Prix a d'abord été utilisé pour les courses hippiques (1863) et cyclistes, puis se répand plus tard dans d'autres disciplines comme la compétition automobile (première utilisation du terme en automobile pour le Grand Prix de Pau, en 1901), les courses de motos ou le tennis, et même le poker.

"Le bonheur, c'est lorsque vos actes sont en accord avec vos paroles."

[Indira Gandhi]

Joie de recevoir

TUER PAR UN PETIT COUP DE DOIGT SUR LE FRONT

L'héroïne de *Kill Bill* utilise une technique d'art martial chinois : le dim mak, qui signifie presser/toucher artère.

Dans l'histoire des arts martiaux, le dim mak apparaît comme des techniques secrètes et légendaires, parfois dénommées "toucher de la mort", prétendues permettre des dégâts importants ou une blessure mortelle (immédiate ou retardée), par un contact physique d'apparence non létal (effleurement, pression brève d'un doigt, par exemple). Il suffirait donc d'appuyer brièvement sur d'importants points énergétiques du corps.

On peut retrouver une allusion à cette technique martiale notamment dans les films *Bloodsport*, *Tigre et Dragon*, *Le Baiser mortel du dragon*, *Kill Bill*, et *Les Chèvres du Pentagone*.

Culture confiture

LA RÉPUTATION SURFAITE DE SATAN

Le terme satan, en hébreu, signifie “adversaire”. Dans l’Ancien Testament, il ne désigne pas une obscure et ténébreuse force du mal. En réalité, pour les Juifs, il n’est pas concevable que Dieu ait un adversaire à sa taille. Le dualisme Dieu/Diable est donc un contresens total si l’on s’en tient au Texte sacré.
Mieux, un satan se tient même parfois au côté de Dieu. Dans l’Ancien Testament, il est plutôt un simple contradicteur obstiné de Dieu.

Le petit coin des énigmes

Que suis-je ?

Tout paraît renversé chez moi
Le laquais précède le maître
Le manant passe avant le roi
Le simple clerc avant le prêtre
Le printemps vient après l’été
Noël avant la Trinité
C’en est assez pour me connaître.

Réponse : Le dictionnaire.

Dans le Nouveau Testament, son rôle évolue quelque peu. Satan a maintenant un rôle plus tranché et devient un véritable adversaire au Royaume du Seigneur.

Jean le décrit : Satan devient tour à tour le Malin, le Serpent primitif (le serpent du jardin d'Éden, qui tenta Ève en lui offrant le fruit défendu), la Bête, etc.

Mais ici encore, il est un simple ennemi de Dieu, loin d'être son égal en termes de pouvoirs et de puissance. Nulle part, dans la Bible, on ne fait mention d'un Satan à la tête d'une armée de démons prête à envahir les cieux.

C'est en plein Moyen Âge que l'Église a souhaité introduire une peur incontrôlable du Malin. Quoi de mieux qu'une population effrayée par des légendes à dormir debout pour asseoir son emprise sur l'Europe ? Et Satan devient Lucifer, Belzébuth (on devra cependant attendre 1980 pour apprendre que c'est un bouc en rut) ou encore Méphistophélès. Dante Alighieri, dans sa *Divine Comédie*, contribuera à la "diabolisation" du Diable…

Pissons de rire

Un petit groupe de personnes se réunit sur le parvis de l'église et laisse éclater sa colère.

"Le toit de l'église fuit depuis deux ans et la Vierge est toujours mouillée… Faites quelque chose pour elle, s'il vous plaît, monsieur le Maire !"

"Le cimetière est dans un état pas possible et tous ceux qui y habitent pensent comme moi."

"Mes impôts pour la commune, j'aimerais bien les voir dans les trous de la route et pas dans la poche du maire."

"Je suis sûr que le maire se touche les dessous de table…"

Pas de quartier !

Plus blanc que blanc. Lavez les vêtements blancs normalement, puis faites-les tremper dans une bassine d'eau additionnée de 2 ou 3 sachets de levure chimique. Laissez tremper pendant quelques heures ou toute une nuit. Rincez, essorez et faites sécher normalement. Ils retrouveront leur blancheur comme au premier jour.

"Le monde est dangereux à vivre ! Non pas tant à cause de ceux qui font le mal, mais à cause de ceux qui regardent et laissent faire."

[Albert Einstein]

Culture confiture

ILS SONT OPPOSÉS MAIS FORMENT UN TOUT

Alpha et l'oméga : la première et la dernière lettre de l'alphabet grec, comme A et Z pour nous. Symbolisent l'idée de l'universalité, le tout, l'éternité. Au Moyen Âge, ces lettres étaient souvent gravées sur les tombes.

L'androgyne, l'homme-femme. D'après une ethnie d'Afrique, chaque être humain est à la fois mâle et femelle. Nous avons tous en nous une part masculine et féminine, selon Platon, Freud, etc.

L'équerre et le compas, l'équerre pour tracer les angles droits, le compas pour tracer des courbes. La clé de l'apprentissage. Nous les avons tout utilisés, ils sont les outils indispensables aux bâtisseurs, architectes, menuisiers, maçons…

La faucille et le marteau.
La faucille évoque le monde paysan, et le marteau le monde industriel, artisanal. Les deux sont indispensables à la vie.

Le soufre et le mercure.
Ce qui brûle, le soufre, ce qui coule, le mercure. Des symboles forts en alchimie. Le point de départ de la pierre philosophale.

Le yin et le yang.
La féminité et la masculinité, la passivité et l'activité, la terre et le ciel, la nuit et le jour. Opposé et complémentaire.

La culture pas chiante

RETOURNONS À L'ÉCOLE

Second ou deuxième :

Le mot "deuxième" est employé lorsque l'énumération va (ou est susceptible de) continuer avec les mots "troisième", "quatrième"... : la deuxième règle, le deuxième commandement, le deuxième équipier...

Le mot "second" est employé uniquement lorsque l'énumération s'arrête en toute logique à deux : la Seconde Guerre mondiale (à notre connaissance il n'y en a pas eu de troisième), le second Empire, la seconde mi-temps (il en existe bien une troisième mais elle est non officielle !).

Cause toujours

Les fourmis peuvent servir de points de suture. Pour faire des points de suture, des tribus indigènes d'Afrique orientale, comme les Maasaï, utilisent les fourmis légionnaires du genre Dorylus pour fermer leurs plaies.

"Comestible : susceptible d'être mangé et digéré, comme un ver pour un crapaud, un crapaud pour un serpent, un serpent pour un cochon, un cochon pour l'homme et l'homme pour le ver."

[Ambrose Bierce]

Fromage ou dessert ?

LE TEMPS DES FRUITS

Le fait de manger des fruits de bon matin ne contribue pas seulement à votre régime minceur mais permet également d'apporter pleins d'effets bénéfiques à votre corps grâce à leurs propriétés naturelles, vitamines, antioxydants, etc.
Les fruits apportent aussi une protection contre les maladies du cœur. Ils fortifient les vaisseaux capillaires trop faibles, qui sont souvent à l'origine d'attaques cardiaques ou d'hémorragies internes. Ils prennent donc soin de vos artères.

Comment manger les fruits ?
Il est recommandé de les manger lorsqu'on est à jeun ou quand on a l'estomac vide.
La raison en est que les fruits, normalement, ne sont pas digérés dans l'estomac mais dans l'intestin grêle. Les fruits transitent rapidement par l'estomac puis passent dans l'intestin, où ils libèrent leurs sucres.

Mais s'il y a de la viande, des pommes de terre ou de l'amidon dans l'estomac, les fruits sont piégés et ils commencent à fermenter. Si vous avez mangé un fruit cru comme dessert après le dîner, il est probable que vous avez passé le reste de la nuit avec une lourdeur dans l'estomac et un goût désagréable dans la bouche.

"Le football, c'est comme les échecs, seulement il n'y a pas de dés."

[Lukas Podolski]

Le petit coin des jeux

1. Quel est le métier du compagnon de Natalie Portman ?
a) danseur
b) chanteur

2. Gaspard Ulliel est en couple avec un mannequin. Quel est son nom ?
a) Aymeline Valade
b) Gaëlle Pietri

3. Olivier Sarkozy, le frère de Nicolas Sarkozy, est marié avec quelle sœur Olsen ?
a) Ashley
b) Mary-Kate

4. L'actrice Salma Hayek est-elle mariée avec l'homme d'affaires François-Henri Pinault ?
a) oui
b) non

5. Quel est le métier du compagnon de Louise Bourgoin ?
a) Réalisateur
b) Producteur

Réponses : 1a/ 2b/ 3b/ 4a/ 5b

"Y a des gens qui trouveront que ce qu'on a fait, c'est pas ce qui fallait faire, et si on avait fait ce qu'ils pensaient qu'on aurait dû faire, il fallait faire autre chose..."

[Raymond Domenech]

Culture confiture

LES HUIT SENTIERS DE BOUDDHA

"Le noble chemin des huit sentiers" du Bouddha permet de se libérer du désir et des réincarnations et mène au Nirvana.

- La croyance correcte
- La pensée correcte
- La parole correcte
- La doctrine correcte ou l'action pure
- Les moyens d'existence corrects
- L'effort correct
- La mémoire correcte
- La méditation correcte

Pissons de rire

Le footballeur Frédéric Déhu croise un journaliste qui travaillait pour un journal différent quelque temps auparavant.

– Déhu : Eh, tu bouffes à tous les ateliers toi !

– Journaliste : Non, on dit : à tous les rateliers…

– Déhu : Oui, mais ça, c'est quand tu fais la liaison !

La culture pas chiante

Enid Blyton, l'écrivain britannique auteur de *Oui-Oui* (*Noddy* en anglais) et du *Club des Cinq*, a écrit dans sa carrière environ 400 romans et en a vendu 600 millions dans le monde. Au meilleur de sa forme, elle pouvait écrire plus de 50 livres par an, soit un par semaine !

"Les gens oublient ce que vous dites, ils oublient ce que vous faites… Mais ils n'oublient jamais comment vous les avez fait se sentir."

[Maya Angelou]

La culture pas chiante

LA FÊTE DE LA MOUSSE

Votre enfant adore jouer avec la mousse dans le bain ? Suivez cette recette pour faire une mousse multicolore. L'effet est impressionnant.

Pour une couleur, il vous faut :

– 2 cuillerées à soupe de liquide vaisselle pour peaux sensibles ou du bain moussant
– ¼ de tasse d'eau
– Colorant alimentaire

Fouettez le mélange avec le batteur électrique pour avoir une mousse bien épaisse.

Placez la mousse dans un bac en plastique.

Répétez l'opération avec un autre colorant. Ainsi de suite.

Plus vous aurez de couleurs, plus l'effet sera saisissant, et le bain des enfants sera une fête.

La culture pas chiante

LES PROCÈS DES ANIMAUX

Au Moyen Âge, les hommes comme les bêtes étaient tous considérés comme des “créatures de Dieu”. Si l’on jugeait une personne pour un crime, si on la condamnait, on pouvait en faire autant pour un cochon ou une vache, ou même un insecte.

À chaque crime signalé, l’animal était mis en prison. Il avait droit à un avocat pour le défendre, un procès avait lieu. En général, ce genre de procès était ouvert au public. Les sentences étaient le plus souvent la mort par pendaison, décapitation…

On distinguait trois types de crimes perpétrés par des animaux :

- Les crimes d’animaux domestiques, principalement des atteintes à la personne, à la dégradation des biens d’autrui. Ces actes relevaient de la justice civile.
- Les crimes commis par des groupes d’animaux, comme les insectes qui détruisaient les récoltes. Ils étaient jugés par l’Église.
- Les crimes par complicité ou à caractère sexuel commis avec un homme ou une femme. Ce type de crime était souvent associé à la sorcellerie.

Au XIIIe siècle, Philippe de Beaumanoir, jurisconsulte, protesta contre ce genre de procès. Mais c’est seulement aux XVe et XVIe siècles que l’on commença à se retourner vers le propriétaire de l’animal qui avait causé le dommage.

La liste de ces procès intentés aux animaux est longue. Barnabé Warée, dans ses *Curiosités judiciaires*, publiées en 1859, à Paris, évoque les cas suivants :

- **1120 :** Mulots et chenilles excommuniés par l'évêque de Laon.
- **1266 :** Pourceau brûlé à Fontenay, près de Paris, pour avoir dévoré un enfant.
- **1314 :** Taureau pendu dans le Comté de Valois pour avoir tué un homme à coups de cornes.
- **1404 :** Trois porcs suppliciés à Rouvres, en Bourgogne, pour avoir tué un enfant dans son berceau.
- **1451 :** Sangsues excommuniées par l'évêque de Lausanne, parce qu'elles détruisaient les poissons.
- **1474 :** Coq condamné à être brûlé, par sentence d'un magistrat de Bâle, pour avoir pondu un œuf.
- **1499 :** Taureau condamné à la potence pour avoir encorné un jeune homme.
- **1585 :** Expulsion de chenilles du diocèse de Valence par le grand vicaire qui leur avait octroyé un procureur pour assurer leur défense.

Les potins de dame pipi

DES NOUVELLES DE LA MER !

L'iceberg qui a causé le naufrage du Titanic était vieux de 100 000 ans.

En 2050, il y aura plus de plastique dans les océans que de poissons, alerte un rapport.

D'étranges jeux entre des dauphins tursiops et des baleines à bosse ont été repérés au large d'Hawaï. Les dauphins ont été photographiés allongés sur la tête des baleines dans ce qui s'apparenterait à un tour de toboggan.

Un entrepreneur américain a récemment investi dans un nouveau projet de tourisme du futur : un hôtel sous-marin qui offre une expérience unique à ses visiteurs, tout en luttant contre la disparition des récifs coralliens.

Des scientifiques ont mis au jour un vaste récif corallien qui pourrait rivaliser avec la Grande Barrière de corail. Situés au large des côtes de l'État de Victoria, en Australie, ses reliefs abritent un écosystème marin incroyablement diversifié.

Pas de fumée sans feu

COMBIEN DE TEMPS DURE LE DÉMANTÈLEMENT D'UNE CENTRALE NUCLÉAIRE ?

La durée de vie d'une centrale nucléaire est limitée. Après la mise à l'arrêt définitif d'une centrale nucléaire, l'installation doit être démantelée. Des opérations techniques sont mises en œuvre pour assainir le site en éliminant les substances dangereuses et/ou radioactives ainsi que les structures et les équipements qui les ont contenues. Le processus est très encadré et peut durer jusqu'à 30 ans, mobilisant entre 200 et 300 emplois directs. En France, le financement du démantèlement est pris en compte dans le prix de vente du kWh fourni au client.

Étapes

- Autorisation du gouvernement à EDF : entre 4 et 6 ans.
- L'évacuation des substances dangereuses et/ou radioactives : entre 3 et 6 ans.
- Démontage des équipements qui ont été soumis à la radioactivité : entre 10 et 15 ans.
- L'assainissement du site : environ 5 ans.

Les confidences de dame pipi

Les vertus anticancéreuses de l'aspirine ont été confirmées par deux vastes études, publiées le 3 mars 2016, dans la revue médicale *Journal of the American Medical Association, Oncology*. En effet, prendre régulièrement cet anti-inflammatoire pendant de longues périodes permettrait de réduire le risque de cancer colorectal d'environ 15 %.

Rappelons toutefois que l'aspirine (tout comme l'alcool et l'ibuprofène) irrite la muqueuse gastrique et que son absorption après un repas arrosé peut parfois déclencher une hémorragie.

"On passe une moitié de sa vie à attendre ceux qu'on aimera et l'autre moitié à quitter ceux qu'on aime."

[Victor Hugo]

La culture pas chiante

UN GÉNIE INSUPPORTABLE

Comment ne pas fantasmer sur la personnalité de Mozart ? Enfant prodige, mort prématurément à 35 ans, frivole et capricieux... Le génie de la musique suscite encore aujourd'hui l'intérêt et la fascination.
Mozart est né le 27 janvier 1756, à Salzbourg.
À 3 ans à peine, le jeune Wolfgang avait l'oreille absolue et pouvait mémoriser un grand nombre de sons en très peu de temps.
À 6 ans, vous appreniez à lire, Mozart, lui, composait des menuets. Avant de pouvoir lire, compter ou écrire, Mozart savait déchiffrer une partition et la jouer parfaitement.
Entre ses 7 et 8 ans, il composa plus d'une cinquantaine d'œuvres.
À 11 ans, il s'attaquait à son premier opéra : *Apollo et Hyacinthus*.
À 14 ans, son père l'emmena en Italie, à la chapelle Sixtine, où il entendit le *Miserere* d'Allegri. Une œuvre que le Vatican souhaitait garder précieusement. À cette époque, seuls les choristes avaient accès à la partition et toute tentative de retranscription était punie d'excommunication. Mozart réécrivit l'œuvre de tête et s'en vanta.
Le prince et archevêque Colloredo le traita de voyou et de crétin.

Le savais-tu ?

BRAVO !

En France, grâce au tri des emballages ménagers, le recyclage a permis d'éviter des rejets de gaz à effets de serre dans l'atmosphère équivalant à la pollution d'une ville de 750 000 habitants !

Le petit coin des énigmes

1. Qui suis-je ?

Il dévore toutes choses,
Oiseaux, bêtes, arbres, fleurs.
Réduit les dures pierres en poudre,
Met à mort les rois, détruit les villes,
Et aplatit les plus hautes montagnes.

2. Un petit garçon affirme :

– J'ai autant de frères que de sœurs.
Sa sœur répond :
– J'ai deux fois plus de frères que de sœurs.
Combien y a-t-il d'enfants dans cette famille ?

3. Vrai ou Faux ?

a. Ray Charles était un pianiste aveugle.
b. Wolfgang Amadeus Mozart aurait pu connaître Louis XVI.

Réponse : 1. Le temps/ 2. Il y a 4 garçons et 3 filles/ 3a. Vrai/ b. Vrai.

Au pied du mur

LA DISPARITION DES SARDINES RESTE UN MYSTÈRE

Dans le golfe du Lion, en Méditerranée, les anchois et les sardines vivent moins longtemps et sont plus maigres qu'avant. En dix ans, la biomasse a été divisée par trois, au grand dam des pêcheurs.

Les chercheurs ont braqué leurs projecteurs sur le plancton et, plus précisément, sur le mets préféré des anchois et des sardines : les copépodes. Ces minuscules crustacés, cyclopes, sans branchies et nageant au moyen de leur paire d'antennes, semblent modestes. Pourtant, présents dans toutes les mers du globe, ainsi qu'en eau douce, ils représentent souvent l'essentiel du plancton, en masse ou en nombre d'individus, et il en existe un nombre d'espèces colossal (au moins 10 000).

Et pourquoi les copépodes sont-ils plus petits ? L'étude ne va pas jusque-là pour l'instant. Il faudra observer plus finement le plancton de Méditerranée et corréler ces résultats avec d'autres campagnes. Toutes les hypothèses sont sur la table, du réchauffement de l'eau jusqu'à la pollution par les eaux du Rhône.

Pisse trois gouttes

L'Antarctique a été partagé entre sept nations qui chacune revendiquait un morceau de ce continent. C'est l'Australie qui possède la plus grosse part et la France qui possède la plus petite, la Terre-Adélie.

Pissons de rire

Un gentleman britannique déjeune dans un club londonien. Mais il ne s'est pas aperçu que sa braguette est largement ouverte.

Au bout de quelques minutes, le maître d'hôtel, impassible, s'approche de sa table et y dépose en s'inclinant un petit plateau d'argent sur lequel est posée une feuille de papier pliée en quatre.

Le gentleman la déplie et lit : "Sorry de vous déranger, Sir, mais je me permets de vous signaler que votre braguette est ouverte. *Post-scriptum : I love you...*"

"Sa ferme est si petite que ses vaches ne donnent que du lait condensé."

[Jean-Loup Chiflet]

Pas de fumée sans feu

PAS DE TRACE DE L'EXTRATERRESTRE DE ROSWELL

À environ 190 kilomètres au nord-ouest de Las Vegas, dans le désert du Nevada, la carte officielle devient soudainement muette. Rien de ce qui se trouve dans cette zone n'y est mentionné. Pourtant, il y a des montagnes et des ravins impressionnants, des bâtiments de bonne taille ainsi qu'une immense piste d'envol longue de 9,500 km.

Le secteur, appelé zone 51, reste mystérieux. Des bruits courent, et certains auraient vu des étranges soucoupes volantes.

Il fallut attendre longtemps pour que le gouvernement américain s'explique enfin. Les apparitions d'ovnis dans le ciel du Nevada, à l'origine de la mythologie entourant la mystérieuse zone 51, n'étaient en fait que des avions-espions U-2 testés sur cette base ultra-secrète, a révélé la CIA.

Les adeptes des théories de la conspiration vont être déçus : non, aucun petit homme vert caché par le gouvernement.

Le savais-tu ?

On croit, à tort, que Robin des Bois se dit Robin Wood en anglais (*wood* = bois). En vrai, on dit Robin Hood, hood signifiant capuche. C'est moins bucolique, mais au moins on sait comment le brigand s'habillait. En slang (argot anglais), *hood* désigne aussi un voyou ou un truand.

Le petit coin des jeux

COMMENT ÇA S'ÉCRIT ?

1. Il ne faut pas s'attaquer à plus fort que…
a) Soit
b) Soie
c) Soi

2. Les enfants ont mis leur chambre… dessus dessous.
a) Sang
b) Sent
c) Sens

3. Je me suis trompé,… pour moi !
a) Au temps
b) Autant
c) Otant

4. Tu es vraiment de mauvaise…
a) Foie
b) Fois
c) Foi

Réponses : 1c/ 2c/ 3a/ 4c

"Il existe une prédilection masochiste des Français pour deux exercices dans lesquels ils se révèlent malchanceux : la guerre et le football."

[Michel Audiard]

Culture confiture

HÉROÏNE

Le célèbre film français *Le Corniaud*, avec Louis de Funès et Bourvil, est inspiré de l'histoire vraie de Jacques Angelvin, un présentateur télé de l'époque qui fut arrêté, en 1962, aux États-Unis au volant d'une voiture contenant 52 kg d'héroïne. Il avait été payé 10 000 dollars pour faire ce voyage de Marseille mais déclara d'abord avoir été dupé. Il écopa finalement de 5 ans de prison et cette histoire rocambolesque inspira Gérard Oury.

Pisse trois gouttes

Le rocher de Gibraltar, minuscule territoire de 6,800 km², est un lieu géographique hautement stratégique puisqu'il marque le point d'entrée dans la mer Méditerranée. Encore actuellement, c'est une possession britannique qui a le statut de territoire d'outre-mer, mais l'Espagne demande régulièrement sa rétrocession. La frontière entre l'Angleterre et l'Espagne coupe les pistes de l'aéroport de Gibraltar en deux !

Qui s'y frotte s'y pique

LES ROSES PARLENT

Déclarer son amitié, son amour en offrant des roses ?... le summum du romantisme.

La couleur

Des roses rouges = l'amour passionnel

Des roses blanches = pureté et sincérité des sentiments, amour chaste, début d'une relation

Des roses jaunes = sentiments amicaux

Des roses orange = désir charnel, admiration et enthousiasme

Des roses roses = l'affection, la douceur, la pudeur, un sentiment amoureux, mais avec un sens beaucoup plus doux que la rose rouge.

Le nombre

1 rose : pour exprimer un coup de foudre.

2 roses : pour demander pardon.

12 roses : pour remercier l'être aimé, pour accompagner une demande en mariage.

24 roses : pour être au summum de la galanterie.

36 roses : pour avouer son amour (rouges), pour un bouquet de fiançailles (blanches ou roses).

101 roses : pour exprimer un amour fou.

LES DAUPHINS ET LES BALEINES NE DORMENT QUE D'UN ŒIL

Les dauphins sont obligés de rester en surface pour dormir. Ce sont des mammifères, ils ne possèdent donc pas de branchies. Ils s'endorment en éteignant un de leurs hémisphères cérébraux et en fermant l'œil opposé, ce qui est qualifié de sommeil "unihémisphérique". Le demi-cerveau éveillé peut ainsi assurer la position idéale du corps pour se maintenir en surface. Ils dorment environ huit heures par jour de cette façon, par tranches de quelques minutes à deux heures. La baleine reste, pour sa part, toujours aux aguets, parce qu'elle doit également penser à respirer. Pour ce faire, ses deux hémisphères se relaient constamment. Bien qu'elle ait l'air statique, la baleine, lorsqu'elle dort, fait de petits mouvements imperceptibles pour l'œil humain. Elle avance et remonte ainsi à la surface, afin de pouvoir respirer avant de redescendre lentement dans les bas-fonds. Quant à la position, les baleines peuvent s'orienter verticalement, la tête en haut ou en bas, ou horizontalement.

Pissons de rire

Un gnome est occupé dans le jardin à détruire quelques buissons quand le chat de la maison apparaît. “Qui es-tu ? demande le chat.
– Un gnome, lui répond le petit bonhomme. Je vole des aliments aux êtres humains, je tue leurs plantes et, la nuit, je fais une musique insupportable qui les rend fous. J’adore nuire. Et toi, qui es-tu ?
– Euh, je crois que je suis aussi un gnome”, répond le chat.

Pissons de rire

TCHAT SUR LA TOILE

LEBG 27: alors ta journée ?
Duduvdm: Tu connais dragon ball ?
LEBG27: Je t’ai pas insulter connard
Duduvdm: Tu connais le genkidama et la pose de songoku quand il le fait ?
LEBG27: Oui et alors le rapport avec ta journée ?
Duduvdm: Ba mon père ma demander un cou de main pour la porte du garage et je du tenir le moteur du bou des bras pendant 1 heures. O bou de moment je geule : donnez moi votre energie !! parce que j’ai super mal aux bras, mon père se retourne comme si j’etais un taré et se met à rire à pleine gorge.
LEBG27: Geek for ever ;)et la tu fais koi ?
Duduvdm: Je prends 1 aspirine
LEBG27: POurquoi ?
Duduvdm: Parceque pendant que mon père riait, il s’est pris les pieds dans des cables et est tomber, je me suis mis à rire tellemnt fort ke je me suis pris le ventre avec les mains.
LEBG27: Mais tu tenais pas le moteur O.O
Duduvdm: Si
LEBG27: :/ putin tu porte drolement bien ton pseudo

Le savais-tu ?

MAIS POURQUOI TROUVE-T-ON DES PESTICIDES INTERDITS DANS LES MAISONS ?

L'association Générations futures, qui milite contre l'utilisation excessive des pesticides, a annoncé en avoir trouvé à l'intérieur de maisons situées tout près d'activités agricoles, en particulier à proximité de vignobles. En soi, il n'y a rien de surprenant, mais certains sont des perturbateurs endocriniens notoires, dont trois sont interdits.

Armés d'aspirateurs munis d'un filtre, 22 volontaires ont fait le ménage chez eux pour prélever des échantillons de poussières. Tous habitent très près (moins de 200 m) de cultures, céréales, vignes ou vergers. Les mesures ont été effectuées l'été, durant la haute saison d'utilisation des produits phytosanitaires, et, pour 5 foyers, répétées en hiver.

Les résultats sont alarmants. Chaque habitation contenait entre 8 et 30 pesticides différents. La présence de trois pesticides interdits, la perméthrine, le Diuron et le métolachlore, dans la plupart des foyers étudiés, est aussi plus curieuse. Ils ont été repérés, respectivement, dans 100 %, 91 % et 55 % d'entre eux.

Le petit coin des jeux

1. Dans quel pays se trouve la pyramide de Khéops ?
a) En Mauritanie
b) En Égypte
c) En Guinée
d) Au Soudan

2. Quelle est la capitale de l'Angola ?
a) Belmopan
b) Porto-Novo
c) Luanda
d) Gaborone

3. Quelle ville africaine est surnommée la Ville aux 7 collines ?
a) Abidjan
b) Yaoundé
c) Kigali
d) N'Djamena

4. Quelle est la capitale du Gabon ?
a) Accra
b) Khartoum
c) Conakry
d) Libreville

5. Dans quel pays se trouve le Kilimandjaro, point culminant de l'Afrique ?
a) En Tanzanie
b) Au Kenya
c) Au Mozambique
d) En Éthiopie

Réponses : 1b/ 2c/ 3b/ 4d/ 5a

"Les gens avaient l'habitude de consommer du LSD pour rendre leur monde étrange. De nos jours, ils utilisent du Prozac pour le rendre normal."

[Bangstrom]

Des goûts et des douleurs

QUATRE SOUPES POUR PRÉVENIR LA GRIPPE

Les soupes sont idéales pour les jours froids, comme pour les jours chauds, car si nous en choisissons bien les ingrédients, elles se convertissent en un véritable plat médicinal qui nous apporte les vitamines et les minéraux dont notre corps a besoin.

La soupe à l'oignon

Opter pour une recette plus légère, afin de mieux la digérer et d'aider notre corps à éliminer toutes les mucosités et les toxines qui saturent notre organisme.

La soupe à l'ail, au millet et aux algues

L'ail est un antibiotique naturel qui augmente les défenses naturelles.

Le millet est l'unique céréale alcalinisante. Elle est très digeste et nous aide à combattre l'acidification qui se produit dans notre organisme lorsque nous sommes malades.

Les algues (algues nori, wakame) apportent beaucoup de minéraux et aident à traiter la fatigue, ainsi que la faiblesse.

La soupe au céleri, à la carotte et au gingembre

Ces trois ingrédients ont de grands pouvoirs dépuratifs et nous aident à faire baisser la fièvre, ainsi qu'à éliminer les toxines.

De plus, cette soupe est très réconfortante lorsque vous ressentez une sensation de froid.

Soupe au thym et à l'œuf

Le thym va nous aider à renforcer les défenses naturelles de l'organisme.

Il a de plus des propriétés antiseptiques et nous aide à calmer la toux.

Pissons de rire

Contemplant avec intérêt son mari qui s'efforce de planter un clou pour y attacher un tableau, sa femme lui dit :

– Ton marteau me fait songer à la foudre.

Le bricoleur répond :

– Parce qu'il en a la rapidité, n'est-ce pas ?

– Non, parce qu'il ne frappe jamais deux fois au même endroit !

La culture pas chiante

MALGRÉ, ET PAS MALGRÉ QUE

Malgré est toujours suivi d'un nom (pas d'un verbe). On ne dit pas malgré qu'il pleuve, mais malgré la pluie.

"Il faut beaucoup aimer les hommes. Beaucoup, beaucoup. Beaucoup les aimer pour les aimer. Sans cela, ce n'est pas possible, on ne peut pas les supporter."

[Marguerite Duras]

Les points sur les i

QUELLE EST LA DIFFÉRENCE ENTRE UN FLEUVE ET UNE RIVIÈRE ?

Les fleuves et les rivières ont des caractéristiques bien distinctes qui les différencient. La principale est que les rivières sont des affluents des fleuves, et jamais l'inverse.

La taille et le débit ne suffisent pas à les différencier.

Il faut savoir que seuls les fleuves se déversent en mer. Un fleuve termine sa course dans l'océan, la mer ou une mer intérieure.

Une rivière est un affluent d'un fleuve. Elle se jette dans une rivière, qui se jette dans une autre qui se jette dans un fleuve, par exemple. En aucun cas une rivière ne rencontre l'Atlantique, le Pacifique ou une quelconque mer.

En France, il existe plus d'une cinquantaine de fleuves, dont le plus grand est la Loire, avec plus d'un millier de kilomètres de long.

Le fleuve le plus grand d'Europe est la Volga, en Russie.

Mais de tous les fleuves, le plus atypique est l'Okavango. C'est le seul fleuve au monde qui ne rejoint pas l'océan. Il s'agit pourtant bien d'un fleuve, mais le delta qu'il forme est situé dans le désert du Kalahari.

“L’honnêteté, la sincérité, la simplicité, l’humilité, la générosité, l’absence de vanité, la capacité à servir les autres – qualités à la portée de toutes les âmes – sont les véritables fondations de notre vie spirituelle.”

[Nelson Mandela]

Le petit coin des jeux

Pour créer un arc-en-ciel chez toi, il te faut :
Une bassine remplie d’eau
Un miroir
Une feuille blanche
Une source de lumière (lampe torche, par exemple)
Ensuite, il faudra suivre les différentes étapes, dans l’ordre :
Plonger la moitié inférieure du miroir dans la bassine d’eau. Le miroir doit former un angle de 45° avec la bassine.
Pointer le faisceau de lumière vers le miroir plongé dans l’eau.
Mettre la feuille blanche à l’endroit où le miroir reflète la lumière : on obtient alors un bel arc-en-ciel.

Le savais-tu ?

Désinfecter les éponges : laissez-les simplement tremper toute une nuit dans une bassine d’eau avec une grosse cuillerée de gros sel. Le lendemain, rincez-les, elles sont propres !

“Avez-vous déjà remarqué ? Toutes les personnes plus lentes que vous sont des idiotes, toutes celles qui sont plus rapides sont des maniaques.”

[George Carlin]

Qui m'aime me suive

ÇA MARCHE !

On voit les Ents, des êtres arbres, se déplacer dans *Le Seigneur des anneaux*. Non, le film n'est pas un documentaire… Mais certains arbres marchent bel et bien : des palmiers de la forêt amazonienne de l'Équateur, dans la région du volcan Sumaco, peuvent se déplacer d'une vingtaine de mètres par an.

En effet, si le sol s'érode, si le soleil manque, etc., de nouvelles racines poussent du palmier et se fichent dans la terre quelques centimètres à peine plus loin. Le tronc s'incline, puis les anciennes racines se relèvent et restent dressées, et hop, un pas de fait.

Cause toujours

CHACUN SON NOËL

Que se passe-t-il pendant la période de Noël dans les autres pays ?

Espagne : depuis 1812, le 22 décembre au soir, des millions d'Espagnols surveillent les numéros de la Loteria De Navidad. Une chance sur 7 de gagner et le gros lot le plus faramineux du monde : 2,24 milliards d'euros.

Finlande : il faut faire un petit détour au Village du père Noël en buvant du vin chaud. Selon les légendes, ce serait en Finlande, au cœur de la Laponie mythique, qu'il habite avec toute sa famille.

Suède : dans les pays scandinaves – Suède, Danemark, Norvège et Islande –, on commence les célébrations dès le 13 décembre : des processions en habits blancs avec une bougie sont organisées partout.

France : la bûche de Noël proviendrait de France. Mais pendant plusieurs siècles, on ne la mangeait pas. On mettait plutôt une vraie bûche de bois dans le foyer au retour de la messe de minuit avec les restes de celle qu'on avait mise à brûler l'année précédente.
On gardait ensuite les cendres – souvent arrosées de sel, de vin, d'eau bénite ou même de miel – pour les disperser à divers endroits afin de protéger la maison et d'attirer la prospérité. La bûche qu'on sert au dessert aurait été cuisinée pour la première fois, en 1834, par un chocolatier de Paris.

Mexique : du 16 au 24 décembre, dans les villages, on organise la Posada. Par petits groupes, les villageois se promènent de maison en maison pour demander l'hospitalité. C'est une façon de recréer le voyage de Joseph et Marie, de Nazareth à Bethléem. Pendant les festivités, on prie, on chante, et les enfants sont invités à casser des piñatas.

Philippines : les Philippines sont le pays le plus catholique de toute l'Asie. Chaque matin, pendant les neuf jours qui précèdent Noël, les croyants célèbrent la messe du coq, appelée ainsi parce qu'elle débute à 4 heures du matin. Chaque soir, devant les maisons, on allume la parol, une lanterne en forme d'étoile qui rappelle celle de David, qui a guidé les Rois mages.

Irlande : en Irlande, on laisse comme collation au père Noël une Guinness, un verre de whisky ou du pâté à la viande. Les festivités commencent, au pub, le soir du 24, jusqu'à ce que sonne l'heure de la messe de minuit. Les célébrations se poursuivent jusqu'au 26, jour férié. On passe cette journée en famille aux courses hippiques ou… en retournant prendre un verre au pub.

Italie : selon les régions et les croyances, le 25 décembre, les cadeaux seront distribués par le père Noël, Bobo Natale ou Gesy Bambino. Le 6 janvier, jour de la fête des Rois, la sorcière Befana prend le relais et distribue des friandises aux enfants en fonction de leur comportement de l'année.

Royaume-Uni : ce serait au Royaume-Uni qu'on se serait échangé les premières cartes de Noël, mais c'est aussi là qu'aurait débuté la tradition du Secret Santa. Par un tirage au sort, chaque membre d'une famille, d'un milieu de travail ou d'une communauté devient le père Noël secret d'une autre personne et lui offre des petits cadeaux.
Et chaque année, la fondation When You Wish Upon A Star (l'équivalent britannique de la Fondation Rêves d'enfants) organise une course de pères Noël !

Norvège : Au XIXe siècle, le bouc Julbock était celui qui distribuait les présents aux enfants. Les petits tressaient leur chèvre avec des tiges séchées et, la nuit de Noël, la bête s'envolait pour aller chercher un présent au pays des cadeaux. Aujourd'hui, c'est plutôt Julenisse, un gnome, qui assure la tournée de cadeaux, mais il est accompagné d'une chèvre.

"Il ne faut avoir aucun regret pour le passé, aucun remords pour le présent, et une confiance inébranlable pour l'avenir."

[Jean Jaurès]

Pissons de rire

COMMENT IDENTIFIER LA NATIONALITÉ DES VISITEURS DU MONDIAL DE L'AUTOMOBILE ?

– L'Allemand regarde le moteur
– L'Anglais regarde les cuirs
– Le Suisse regarde le coffre
– L'Italien regarde le klaxon
– L'Américain regarde la taille
– Le Chinois regarde tout
– Le Belge ne regarde rien
– Le Français regarde la vendeuse

Pisse trois gouttes

La course à l'espace est l'une des manifestations de la guerre froide à laquelle se sont livrées les deux superpuissances (États-Unis et Russie) à compter de la fin de la Seconde Guerre mondiale.

Les conseils de Dame Pipi

Selon une étude américaine, pratiquer un peu de marche régulièrement est bénéfique pour entretenir nos fonctions cérébrales. Les personnes qui pratiquent une marche rapide 3 fois par semaine à partir de l'âge de 55 ans répondent mieux aux tests de mémoire car elles augmentent la taille de leur hippocampe, une région du cerveau qui s'atrophie en vieillissant. C'est grâce à cette partie du cerveau que s'effectue le passage de la mémoire à court terme à la mémoire à long terme.

"Nous avons des raisons de penser qu'historiquement le premier homme qui s'est mis debout voulait simplement se libérer les mains pour pouvoir se masturber."

[Lily Tomlin]

Les points sur les i

LISTE DE MARQUES UTILISÉES COMME NOMS

Il faut préciser qu'il n'y a pas à proprement parler de faute à l'usage de ces noms.

- **Aspro** (aspirine)
- **Bateau-mouche** (bateau-promenade)
- **Bic** (stylo à bille)
- **Bikini** (maillot de bain deux pièces)
- **Botox** (toxine botulique)
- **Bottin** (annuaire)
- **Campingaz** (réchaud à gaz)
- **Cellophane** (film protecteur transparent)
- **Chatterton** (ruban adhésif isolant)
- **Cocotte-Minute** (autocuiseur)
- **Critérium** (porte-mine)
- **Déchetterie** (centre organisant la collecte des déchets)
- **Delco** (tête d'allumeur sur un moteur à explosion)
- **Dictaphone** (annotateur vocal)
- **Frigidaire** (réfrigérateur), marque américaine
- **Gomina** (agglomérant pour cheveux)
- **Inox** (acier inoxydable)
- **Interphone** (transmetteur de voix)
- **Jacuzzi** (bain à bouillonnements ou bain bouillonnant)
- **Jeep** (véhicule tout-terrain)
- **Jet Ski** (moto marine à bras)
- **Klaxon** (avertisseur sonore)
- **Kleenex** (mouchoir en papier)
- **K-way** (coupe-vent)
- **Lego** (jeu de construction)
- **Maïzena** (farine de maïs)
- **Mobylette** (cyclomoteur)
- **Nescafé** (café lyophilisé)
- **Pataugas** (chaussures de randonnée)
- **PC** (*Personal Computer*) (ordinateur personnel)
- **Polaroïd** (appareil photo à développement instantané)
- **Post-it** (pense-bête autocollant)
- **Pyrex** (verre alimentaire, résistant aux chocs)
- **Boules Quiès** (bouchons d'oreille)
- **Restoroute** (restaurant routier)
- **Rimmel** (mascara pour maquillage)
- **Scotch** (ou Scotch Tape au Québec) (ruban adhésif)

Le petit coin des chiffres

La population mondiale a franchi le premier milliard d'individus en 1830.
Et nous voici à 7 milliards.
On compte environ 402 000 nalssances par jour dans le monde
Soit 16 750 par heure, 280 par minute, 4,65 par seconde.
Il y a environ 170 000 décès chaque jour sur Terre
Cela fait environ 232 000 habitants de plus chaque jour sur la planète.
775 001 905 Personnes sous-alimentées dans le monde
1 622 942 552 Personnes en surpoids
13 767 Jours restants avant la fin du pétrole
59 192 Jours restants avant la fin du gaz
150 361 Jours restants avant la fin du charbon

Le petit coin des énigmes

1. Avant-hier, Catherine avait 17 ans ; l'année prochaine, elle aura 20 ans. Comment est-ce possible ?

2. Qu'est-ce qui vous appartient mais que les autres utilisent plus que vous ?

Réponse :
1. Hier, on était le 31 décembre, elle a eu 18 ans. Cette année, elle va avoir 19 ans, et l'année prochaine, 20 ans.
2. Votre prénom.

"Un sommet européen aux Pays-Bas, ça vous donne le niveau..."

[Laurent Ruquier]

La charrue avant les bœufs

C'EST BON POUR LES ENFANTS

Proposer des aliments bio dans la restauration collective à destination des enfants et des adultes, c'est favoriser l'économie locale, offrir à tous des produits sains et faire un geste pour l'environnement.

Une mesure que l'ensemble des Français approuve : selon l'Agence Bio, 87 % des parents d'élèves sont favorables à l'introduction du bio dans les cantines.

Or, le 10 mars dernier, les sénateurs ont bloqué le projet de loi qui proposait d'introduire un minimum de 20 % de produits bio dans les cantines.

Une mesure pourtant tout à fait réalisable et souhaitable pour permettre le développement de l'agriculture biologique. D'ailleurs, de nombreuses collectivités ont déjà introduit 20 % ou plus de produits bio dans leurs cantines, sans rencontrer de difficultés majeures : c'est le cas de Paris, de Grenoble, de Saint-Étienne ou du département de la Drôme.

"Dans le passé, il y avait plus de futur que maintenant."

[Philippe Geluck]

Cause toujours

UN MÉLANGE DE FRUITS ET D'HERBES POUR PARFUMER VOS TISSUS

Vous aurez besoin de 5 citrons, 10 oranges, de brins de romarin, de feuilles de menthe, de 250 ml d'eau et de 250 ml d'alcool.

Mettez ces ingrédients dans un linge et, avec un mortier, écrasez la peau des agrumes, puis les feuilles des herbes, jusqu'à ce que tout soit bien réduit en bouillie. Placez le linge dans une bouteille munie d'un pulvérisateur, ajoutez l'alcool et l'eau. Vous pouvez l'utiliser pour les rideaux, les tapis, les vêtements.

"Un match de foot se joue avec 3 arbitres, il y a donc 3 fois plus de chances qu'il y ait des erreurs d'arbitrage."

[Guy Roux]

Le petit coin de la peur

UNE PLUIE D'ARAIGNÉES

La petite ville de Goulburn, dans le sud de l'Australie, a connu un phénomène effrayant la semaine dernière. Les habitants ont vu leurs jardins et leurs maisons être recouverts par une grande quantité de toiles tombées du ciel. Sur celles-ci : des millions de toutes petites araignées.

Si le phénomène semble à même de déclencher une panique générale, il n'est pourtant pas rare dans cette partie de l'Australie. Il est en fait dû à un changement des conditions climatiques. Après de fortes pluies, les araignées qui vivent sur le sol ou dans des terriers tentent d'échapper à la noyade. Pour cela, elles prennent leur envol grâce à une technique appelée la "montgolfière".

Elles grimpent jusqu'à une zone haute et pointent leur derrière vers le ciel et libèrent de la toile. Ensuite, elles n'ont plus qu'à décoller.

C'est celui qui dit qui y est

LE MEILLEUR DU PIRE

À l'heure de Google roi, on peut trouver absolument tout et n'importe quoi par le biais du moteur de recherche. L'adresse du sex-shop de Charleville-Mézières, ou un tutoriel pour mettre un pyjama à son chat, par exemple. Heureusement, les recherches sont enregistrées automatiquement et l'on peut se rendre compte que, parfois, on n'est pas tout seul. Pot-vraiment-pourri du pire (ou du meilleur, ça dépend des goûts) des recherches authentiques faites au moins une fois sur Google.

Acheter toison pubienne
Salaire d'un ninja
Manger du requin sur metz
Fabriquer casque bioman
Comment contenter une femme
Récit dressage de travesti
Je veux rejoindre Al-Qaïda
Hélène Roch Voisine contexte socioculturel
Photos des cuisses de mamies
La mère de M. Pokora fait quoi comme métier
Les villes du monde se trouvent dans quels continents européens
Cri de guerre clan de poulets
Sympathique prothésiste dentaire à la tranche sur mer
Chef de produit Tampax
Raffarin + Darth Vador
Un site pour les films dont le nom se termine par le mot trip
Photo d'un mouton et d'une boule à suspendre
Devenir pute en 10 étapes

"Il n'y a qu'un décolleté pour pousser un homme à chercher de la profondeur chez une femme."

[Zsa Zsa Gabor]

Ménopause homme
Partouze à Dinard
Est-ce que le soja accélère la repousse des poils ?
Chanson française contenant na, na, na, na, na
E.T. l'extraterrestre + fellation + vidéo
Endives reproduction
Si les chats avaient des pouces
André rieu célib ?
Vendre verres progressifs pour borgne
Sexualité dans sous-marin
Comment vomir un arc-en-ciel
Fumer en grande quantité dans un bus scolaire
Comment les coccinelles savent si il va faire beau ?
Nourriture pour chat à moitié obèse
Gastro avec mon chat
Tétons célèbres
Le blanc d'œuf est-il du sperme de coq
Mannequin sans mâchoire
Super sexy Maïté
Comment rendre son fraire muet ?
Moustache extrème
Pourquoi les populations locales n'ont pas la tourista
Piste cyclable mec en slip
J'ai laissé le gaz ouvert que faire
Christine Boutin Prix Nobel
Signification de "je t'aime ma brouette"
Vidéo d'un enfant remplacé par erreur contre un poulet dans le four
Comment tuer sa femme sans laisser de trace
CM2 méchants
Comment lancer une recherche sur Google

Le petit coin des jeux

1. **Bill Gates, avant de créer l'empire Microsoft, a d'abord été employé chez Apple.**
   Vrai
   Faux

2. **Les fromages à pâte dure (comté, emmental) sont les moins salés.**
   Vrai
   Faux

3. **La fameuse photo d'Albert Einstein tirant la langue est en réalité une photo-montage.**
   Vrai
   Faux

4. **Les guanacos sont des lamas sauvages.**
   Vrai
   Faux

Réponses : 1. Faux/ 2. Faux/ 3. Vrai/ 4. Vrai

"Rappelez-vous l'essentiel : le capitalisme, c'est l'exploitation de l'homme par l'homme. Le syndicalisme, c'est le contraire !"

[Coluche]

Le savais-tu ?

LIQUIDE VAISSELLE MAISON

Pour des raisons économiques et écologiques, vous pouvez fabriquer votre propre produit vaisselle.

Faire un produit vaisselle avec du savon d'Alep ou de Marseille

Pour fabriquer votre produit vaisselle, râpez d'abord un pain de savon d'Alep dans une casserole remplie d'eau. Pour que le savon fonde, remuez à feu doux. Puis, incorporez une cuillerée à café de bicarbonate de soude et plusieurs cuillerées à soupe de vinaigre blanc et de cristaux de soude. Ensuite, laissez refroidir. Si vous voulez que votre produit vaisselle soit parfumé, ajoutez-y quelques gouttes d'huiles essentielles. Mélangez et versez le produit dans un flacon. Enfin, secouez-le avant de l'utiliser.

Faire un produit vaisselle avec des citrons

Coupez trois citrons avec la peau. Mélangez et mixez le tout avec 200 g de gros sel, un verre de vinaigre blanc et l'équivalent de 4 verres d'eau. Faites bouillir à petit feu durant 15 minutes puis laissez refroidir. Enlevez les pépins de citron et mettez le tout dans un flacon verseur. Vous pouvez désormais utiliser votre produit vaisselle.

Faire un produit vaisselle au savon noir

Pour votre produit vaisselle, versez un demi-litre d'eau chaude dans un flacon verseur et ajoutez-y un demi-verre de savon noir. Adjoignez-y une cuillerée à soupe de bicarbonate de soude ainsi qu'un demi-verre de vinaigre blanc. Mélangez le tout, et c'est prêt.

Pense-bête : vous pouvez rajouter une cuillerée à café de miel et d'huile d'amande douce à la préparation.

Culture confiture

L'HISTOIRE DU LIT

On peut considérer le lit comme le meuble le plus important de la maison… puisque nous y passons le tiers de notre vie. Dans le passé, il fut en bois, en pierre, couvert de coussins, extravagant, mais plus qu'un mobilier, il était l'endroit que l'on privilégiait, celui où on naît et où on meurt.

- Au XVe siècle, le lit était un symbole de pouvoir. On y jugeait de grands procès, on y travaillait, on y organisait des réunions…
- Toutankhamon emporta cinq lits dans sa tombe pour l'accompagner dans l'autre vie.
- Au Moyen Âge, les gens dormaient à moitié assis et tout nus, la position allongée étant celle des morts.
- Les lits médiévaux accueillent non seulement le mari et son épouse, mais aussi les enfants, des amis, des domestiques, voire des étrangers.

Pissons de rire

Deux types discutent dans un bar :
– Tu es né où, toi ?
– À Paris.
– À Paris ? Moi aussi ! Et dans quelle maternité ?
– Aux Lilas…
– Aux Lilas ? Moi aussi ! Et quel jour ?
– Le 15 octobre 1985…
– Le 15 octobre 1985 ! Oh ! C'est dingue ! Moi aussi !
Un troisième type entre dans le bar et s'adresse au barman :
– Bonsoir Frédo, quoi de neuf, ce soir ?
– Rien de spécial… Les jumeaux sont encore bourrés, comme d'habitude !

"Le lit est l'endroit le plus dangereux du monde : 90 % des gens y meurent !"

[Mark Twain]

• Le lit de Charles V atteignait presque 40 mètres carrés.

• Louis XIV en possédait plus de 400.

• Lit de paille que les paysans jetaient une fois celle-ci trop sale, et lit de drap que les nobles ne changeaient pas, “compensant” en le parfumant d’herbes et d’épices.

• Winston Churchill travaillait alité pendant la Seconde Guerre mondiale.

• Matisse, âgé, dessinait sur les murs qui entouraient son lit, avec des morceaux de fusain fixés à une canne.
Rossini y composa plusieurs opéras.
Colette y a écrit bon nombre de ses romans.
Le poète John Milton conçut alité *Le Paradis perdu*.
Marcel Proust, atteint par la maladie, écrivit *À la recherche du temps perdu* au lit.

• Groucho Marx a déjà déclaré : “Tout ce que l’on ne peut pas faire au lit ne vaut pas la peine d’être fait.”

Le savais-tu ?

Le calcaire logé à la base des robinets est difficile à faire partir : pour un détartrage sans effort, enrouler un mouchoir en papier trempé dans du vinaigre blanc à la base du robinet et l'y laisser pendant deux heures. Rincer. Calcaire éliminé !

Pissons de rire

Une femme, au volant de sa voiture, grimpe une route de montagne, sinueuse et étroite.

En sens inverse, un homme au volant également, descend cette même route.

Lorsqu'ils se croisent, l'homme sort la tête de sa fenêtre et crie : "GROSSE VACHE !".

Alors la femme sort aussi la tête et lui répond : "SALE CONNARD !"

Et la femme passe le virage suivant, elle percute une grosse vache au milieu de la route, et la voiture va s'écraser dans la vallée...

MORALITÉ : Ah si seulement les femmes écoutaient un peu mieux les hommes !

"Mesdames, un conseil. Si vous cherchez un homme beau, riche et intelligent... prenez-en trois !"

[Coluche]

Cause toujours

PEUT-ON BOIRE DE LA NEIGE ?

Au ski, il arrive que la gourde soit vide. Et en cas de soif extrême, pourquoi ne pas consommer de la neige ? Après tout, il s'agit d'eau en phase solide. Néanmoins, son changement de phase a modifié quelques-unes de ses propriétés chimiques.

Croquer de la neige, dont la température est de 0 °C, peut provoquer un choc thermique. L'organisme perd de la chaleur (plutôt à éviter en montagne) et des diarrhées aiguës peuvent survenir. Il vaut donc mieux faire fondre la neige.
De plus, la neige est déminéralisée. D'après l'OMS, la consommation d'eau déminéralisée modifie l'équilibre de l'organisme, la température, la constance du débit sanguin, etc. Et le manque de minéraux peut aussi évidemment être à terme très dangereux.

En montagne, il est arrivé que des escaladeurs aient d'importants problèmes de santé en ayant consommé uniquement de la neige fondue durant leur expédition.
Boire de la neige, une fois fondue, de temps en temps, ne devrait pas avoir d'effets notables sur l'organisme. Néanmoins, il faut éviter la consommation régulière et, sans autre choix, saler un peu l'eau ou la mélanger à une soupe, par exemple, permettra de combler provisoirement les carences.

Cause toujours

La pelouse apprécie la cendre de bois qui, à faible dose, favorise l'activité des micro-organismes et des lombrics, ce qui améliore l'infiltration de l'eau et limite ainsi la mousse. La cendre de bois est utile au jardin mais en quantité limitée : 70 g par m^2 et par an disent les jardiniers écologiques, soit 2 poignées moyennes.

Le petit coin des jeux

1. Quelle distance les coureurs du Tour de France parcourent-ils ?"

a) Environ 1 500 km
b) Environ 3 500 km
c) Environ 5 000 km
d) Environ 8 000 km

2. Les 500 miles d'Indianapolis sont :

a) Une course automobile
b) Un marathon
c) Une compétition de natation
d) Aucune réponse n'est valable, ça n'existe pas.

Réponses : 1b /2a

"L'argent n'a pas d'odeur, depuis peu je le sais, Il fait marcher le monde, et le monde sent mauvais."

[MC Solaar]

Qui s'y frotte s'y pique

MARA SALVATRUCHA : LE PLUS GRAND GANG DU MONDE

Selon les estimations, les membres du gang Mara Salvatrucha (MS-13) seraient entre 50 000 et 600 000 membres dans le monde. Ce qui en fait l'un des plus gros gangs de la planète.

Ce gang a été créé à Los Angeles, dans les années 1980, par des immigrants salvadoriens, anciens soldats déserteurs ou guérilleros marxistes. À cette époque, le Salvador connaît une terrible guerre civile : près d'un million de réfugiés salvadoriens fuient aux États-Unis, principalement en Californie.

La pauvreté et l'absence d'horizon économique favorable, couplées à la présence d'autres gangs et à l'introduction du crack dans les ghettos américains, ont permis l'émergence rapide du gang chez les adolescents salvadoriens, guatémaltèques, honduriens…

Trafic de drogue et d'armes, racket de commerçants, meurtres, immigration clandestine sont le lot quotidien de la Mara Salvatrucha.

Le gang est aujourd'hui présent dans plusieurs pays d'Amérique centrale (Salvador, Honduras, Mexique, entre autres), aux États-Unis, au Canada, et de façon plus anecdotique serait également présent dans quelques pays d'Europe.

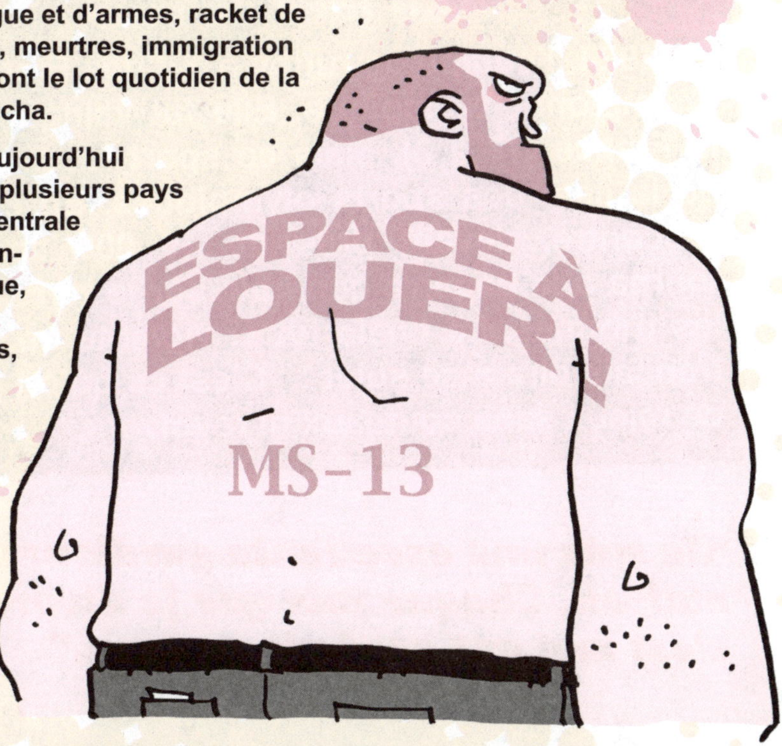

Le savais-tu ?

Ranger son stylo plume dans la poche de sa chemise peut être catastrophique si le stylo est mal fermé ou qu'il fuit ! Pour effacer la tache, il suffit de la frotter avec du lait, puis avec un demi-citron.

Au pied du mur

En 1924, l'équipe de rugby à XV des États-Unis fut championne olympique. Elle fut vainqueur contre la France (17 à 3). Mais ce sport fut ensuite rayé de la liste des sports olympiques. En effet, cette rencontre, devant près de 45 000 spectateurs, tourna à la bagarre générale sur le terrain et dans les tribunes. La finale fut si violente qu'un joueur français dira à ce sujet : "C'est ce qu'on peut faire de mieux sans couteaux ni revolvers."

"Je suis une excellente gardienne de maison. Chaque fois que je divorce, c'est moi qui garde la maison."

[Zsa-Zsa Gabor]

La question de dame pipi

UN AVION PEUT-IL ÊTRE FRAPPÉ PAR LA FOUDRE ?

Chaque avion de ligne est frappé par la foudre en plein vol au moins une fois par an.

Pour être autorisé à voler, un avion doit obligatoirement être certifié “résistant à la foudre”.

Les avions déclenchent les éclairs

Contraint de voler à travers une atmosphère fortement ionisée, tout appareil peut déclencher un éclair. Un nuage orageux crée, en effet, un champ électrostatique qui s’étend sur plusieurs kilomètres alentour. Lorsqu’un avion passe dans un rayon inférieur à une vingtaine de kilomètres, les parties pointues de l’appareil amplifient ce champ et déclenchent une décharge de foudre.

La carlingue métallique protège ceux qui sont à l’intérieur. Cependant, des dégâts mineurs peuvent être occasionnés par l’éclair : trous millimétriques, destruction de capteurs, etc. Les champs électromagnétiques produits par l’orage peuvent, quant à eux, interférer avec le système électronique de l’appareil. Toutefois, des protections sont prévues pour éviter une panne sévère.

Le savais-tu ?

LES BIZARRERIES DE LA CHINE

Certains historiens considèrent la Chine comme la seule civilisation à avoir perduré aussi longtemps (elle remonte à 6000 ans av. J.-C.). L'empire du Milieu reste un pays aux contrastes multiples où les traditions et la modernité s'entrechoquent, et certaines habitudes peuvent nous heurter.

Les gens riches en Chine peuvent embaucher un double pour purger leur peine en prison.

3,29 % de la pollution de San Francisco provient de Chine.

En Chine, un site Internet vous permet de louer une petite amie, à partir de 31 dollars la semaine…

La Chine construit des immeubles sans arrêt, pour garder les constructeurs occupés et produire de la croissance. Résultat : de véritables métropoles fantômes, où personne ne vit.

Un adolescent a vendu l'un de ses reins pour pouvoir s'acheter un iPad.

La Chine souffre de la pire fuite d'étudiants diplômés du monde. 7 étudiants sur 10 qui s'inscrivent à l'étranger ne reviendront jamais vivre en Chine.

Brad Pitt ne pourra jamais visiter la Chine, à cause de son rôle dans le film *Sept ans au Tibet*.

Le plus grand bouchon en Chine a été de 10 jours et de 96 km.

D'ici à 2025, la Chine aura 10 villes de la taille de New York.

La Chine possède tous les pandas géants du monde. Tous les pandas extérieurs à la Chine sont “loués”.

En Chine, il est autorisé de faire une sieste ou de venir juste pour se relaxer dans un magasin IKEA.

Parce que la Chine est un pays à fort taux de suicides, on emploie des "pêcheurs de corps". Des personnes embauchées pour sortir les cadavres hors de l'eau.

Près de 100 millions de Chinois vivent seulement avec 1 dollar par jour.

Le ketchup est originaire de Chine. C'est une sauce de poisson appelée ke-tsiap.

La Chine exécute quatre fois plus de condamnés que tous les autres pays réunis.

Google propose le téléchargement légal gratuit de musique en Chine en partenariat avec les plus grandes maisons de disques dans le monde.

Dans certaines régions rurales de la Chine, la police utilise des oies pour garder le poste de police à la place de chiens de garde.

Les effets sur la santé dus à l'inhalation de l'air pollué à Pékin équivalent à fumer 21 cigarettes par jour.

4 millions de chats sont mangés en Chine chaque année…

Le savais-tu ?

Les Indiens du Pérou, mais également les Bororo du Brésil ou les Shompen de l'île de Nicobar, ont un point commun : leur population est entièrement du groupe sanguin O et comprend plus de 99 % de personnes du Rhésus positif.

Pissons de rire

DOIT-ON LAVER LES EMBALLAGES AVANT DE LES TRIER ?

Non, c'est inutile, il suffit de bien les vider pour éviter de salir les autres emballages et limiter les odeurs. Ces emballages seront de toute façon lavés lors de leur recyclage.

"C'est dur pour les Mancuniens, qui vont chercher à enlever l'épine du pied qu'ils ont sur la tête !"

[Xavier Gravelaine] *(finale de la FA Cup)*

Le savais-tu ?

POURQUOI NE SENT-ON PAS LA TERRE TOURNER ?

La Terre tourne sur elle-même à une vitesse de 1 670 km/h à l'équateur. Et pourtant nous ne sentons rien.
Cela n'empêche pas les objets situés à sa surface de trahir son mouvement. C'est ainsi que, grâce à un pendule suspendu à la voûte du Panthéon, Léon Foucault a fait la démonstration de la rotation de la Terre, en 1851.

La vitesse de rotation de la Terre est certes relativement élevée. Mais sa vitesse est constante et son mouvement uniforme. C'est ce qui nous empêche d'avoir des sensations particulières.
Installez-vous dans un TGV. Lorsque celui-ci circule à sa vitesse de croisière, on ne sent rien. Seuls les accélérations et les freinages peuvent être physiquement ressentis.

Pour suivre le mouvement circulaire de la Terre, il faut bien qu'une force s'applique sur le corps. À défaut, le principe d'inertie nous ferait nous déplacer en ligne droite.
La force en question est celle de la pesanteur, laquelle se décompose en deux termes :
– la force de gravitation (9,8 m/s^2), qui résulte de la masse de la Terre et qui nous attire vers son centre ;
– la force centrifuge (0,2 m/s^2), qui résulte de la rotation de la Terre et qui a tendance à nous en éjecter.
Pour ressentir la rotation de la Terre, il faudrait que l'effet centrifuge soit plus fort que la gravité.

Le petit coin des listes

COMBIEN DE TEMPS FAUT-IL TRAVAILLER POUR ACHETER UN BIG MAC ?

Voici le temps nécessaire pour acheter un Big Mac dans certaines villes à travers le monde de travail, en 2015 (en minutes).
À Nairobi, le travailleur moyen devait travailler pendant environ 172,6 minutes pour être en mesure d'acheter un Big Mac.

Nairobi (Kenya) = 172,6
Manille (Philippines) = 87,5
Mexico (Mexique) = 78,4
Jakarta (Indonésie) = 66,7
Le Caire (Égypte) = 62,5
Kiev (Ukraine) = 54,7
New Delhi (Inde) = 49,7
Bucarest (Roumanie) = 44,1
Budapest (Hongrie) = 43,8
Beijing (Chine) = 42
Sofia (Bulgarie) = 40,4
Mumbai (Bombay, Inde) =39,8
Lima (Pérou) = 37,6
Bangkok (Thaïlande) = 37,5
Shanghai (Chine) = 35,3
Bogotá (Colombie) = 34,6
Istanbul (Turquie) = 33,8
Riga (Lettonie) = 33,7
Rio de Janeiro (Brésil) = 31,9
Santiago du Chili (Chili) = 31,6
Prague (République tchèque) = 30,1
Vilnius (Lituanie) = 29,2
Buenos Aires (Argentine) = 28,6
Athènes (Grèce) = 26,1
Varsovie (Pologne) = 25,1
São Paulo (Brésil) = 25
Bratislava (Slovaquie) = 24,3
Kuala Lumpur (Malaisie) = 23,5
Lisbonne (Portugal) = 22,5
Tel Aviv (Israël) = 20,8
Barcelone (Espagne) = 20,7
Moscou (Russie) = 20,2
Madrid (Espagne) = 19,2
Oslo (Norvège) = 18,6
Milan (Italie) = 17,9
Rome (Italie) = 17,7

Séoul (Corée du Sud) = 17,7
Dubaï (Émirats arabes unis) = 16,7
Johannesburg (Afrique du Sud) = 16,5
Lyon (France) = 15,8
Amsterdam (Pays-Bas) = 15,6
Bruxelles (Belgique) = 15,5
Toronto (Canada) = 15,2
Paris (France) = 15
Dublin (Irlande) = 14,7
Berlin (Allemagne) = 13,4
Montréal (Canada) = 12,9
Munich (Allemagne) = 12,5
London (Angleterre) = 12,3
Vienne (Autriche) = 12,1
New York (États-Unis) = 11,4
Chicago (États-Unis) = 11,2
Los Angeles (États-Unis) = 11,2
Sydney (Australie) = 10,9
Genève (Suisse) = 10,8
Miami (États-Unis) = 10,7
Zurich (Allemagne) = 10,6
Tokyo (Japon) = 10,4
Luxembourg (Luxembourg) = 10,3
Hong Kong (Chine) = 8,7

Pissons de rire

Un Anglais, un Français et un Russe se trouvent devant un tableau d'Adam et Ève dans le Paradis originel.

L'Anglais dit :

– Regardez leur réserve, leur calme… Ils doivent être anglais.

Le Français dit alors :

– Je ne pense pas. Regardez-les, comme ils sont beaux et impudiques. À mon avis, ils sont français.

Le Russe termine en leur disant :

– Vous n'y êtes pas du tout. Regardez mieux. Ils n'ont pas de vêtements, pas de maison, seulement une pomme à manger et on leur dit que c'est le Paradis ! Ils sont russes, évidemment.

Qui s'y frotte s'y pique

Seuls les moustiques femelles sucent le sang qui est juste nécessaire pour la production des œufs.

"L'ennemi, c'est comme le sexe. Faut tirer dessus de temps en temps pour avoir la paix."

[Pierre Desproges]

Pissons de rire

DES QUIPROQUOS EMBARRASSANTS

Un Américain qui est allé à Lyon pour apprendre le français pendant quelques mois tenait, en revenant, à souligner à quel point la langue de Molière peut être compliquée pour un Anglo-Saxon et parfois amener à des situations gênantes.

Ainsi, si un Anglo-Saxon ne sait pas que "ou" se prononce comme "oo" en anglais et qu'il prononce "u", il peut se retrouver à dire "merci beaucu", ou "merci beau cul" dans une conversation.

Les Américains disent souvent qu'ils sont "very excited" quand ils rencontrent quelqu'un, qui se traduit littéralement par "je suis très excité", ce qui, en entrée en matière lors d'une première rencontre, peut surprendre.

Ou encore, il est courant de dire en anglais "I am hot", ce qui se traduirait littéralement par "je suis chaud", alors que cela veut dire "j'ai chaud".

Et s'il veut parler des conservateurs qu'il y a dans la nourriture, il ne faudrait pas qu'il se trompe et dise "préservatives", qui est le mot anglais de conservateurs. Même s'il a le droit de ne pas aimer les préservatifs dans la compote de pommes.

Il y a mieux : le mot bonheur en français peut être entendu en anglais comme le mot d'argot "boner", qui signifie "avoir la gaule". Alors oui, les petits bonheurs de la vie devraient suffire à nous rendre heureux. Mais il vaut mieux une grande gaule. Et pas gueule.

Pissons de rire

CE SONT EUX QUI LE DISENT :

1) Mark Draper (footballeur anglais) :
"J'aimerais bien jouer dans un club italien. Comme le FC Barcelone, par exemple."

2) Frédéric Jaillant (football, TF1) :
"Cinquante-six cartons jaunes, dont cinq rouges."

3) Cyril Linette (commentateur de football, Canal Plus) :
"Y a tous les grands pays européens qui sont représentés : y a l'Espagne, y a l'Italie, y a la France, y a le Japon."

4) Franck Pedretti (consultant en half-pipe, aux Jeux olympiques de Turin, France 2) :
"Vu le haut niveau de compétition, on sent bien que les Américains ne sont pas venus en Italie pour manger des paninis."

5) Pierre Sled (football, France 2) :
"Grosso modo, ils sont arrivés à dix-sept heures, ils sont repartis à dix-huit heures quinze… Trois heures d'entraînement !"

6) Thierry Roland (football, TF1, lors d'un match de Coupe du monde en Corée) :
"Puisqu'il y a deux Lee sur le terrain, on peut faire une chambre."

7) Bernard Thévenet (consultant cyclisme, France 2) :
"Ce sont des routes assez sinueuses : il y a beaucoup de lignes droites."

8) Sylvain Wiltord (footballeur français) :
"Je trinque souvent très rarement."

9) Henri Sannier (cyclisme, France 2) :
"Cioni fait des petits coucou au public, il est content d'être toujours là, apparemment ?"
Réponse de Laurent Jalabert :
"Non Henri, il appelle sa voiture pour boire…"

10) Michel Platini (consultant football, Canal Plus) :
"Quand ça va pas très bien, ça va toujours pas très bien."

11) Thierry Roland (football, TF1) :
"En première mi-temps, ça sentait le pâté… Et maintenant, ça sent le boudin."

12) Hervé Mathoux (football, Canal Plus) :
"Et sur ces images quasiment inaudibles…"

13) Rémi Garde (football, Canal Plus) :
"Surtout dans ces dernières minutes, où les minutes s'égrainent et deviennent de plus en plus courtes !"

14) Pierre Salviac (rugby, France 2) :
"C'est vous dire si cet homme-là sait de quoi il parle, quand il parle avec ses pieds."

15) Vincent Guérin (ex-footballeur français) :
"Je crois que j'ai deux pieds. J'ai cette faculté depuis tout petit."

16) Grégoire Margotton (en parlant des journalistes qui l'entourent) :
"C'est bien de vous avoir tous avec vos yeux."

17) Guy Roux (consultant football, Canal Plus) :
"Un petit qui saute va toujours moins haut qu'un grand qui saute."

18) Shaquille O'Neal (basketteur américain, après qu'un journaliste lui a demandé s'il était allé au Parthénon lors de son séjour en Grèce) :
"Comment voulez-vous que je me souvienne du nom de toutes les boîtes de nuit dans lesquelles je suis allé…"

19) Thierry Gilardi (football, Canal Plus) :
"Comment on fait pour choisir cinq volontaires ?"

20) Laurent Paganelli (football, Canal Plus) :
"Il avait anticipé le coup avant ! Oui, oui… Il anticipe avant !"

21) Charles Biétry (football, Canal Plus) :
"Quatre fois ils ont marqué zéro but."

22) Grégoire Margotton (football, Canal Plus) :
"Évidemment, ça réveille, même si on n'était pas du tout endormis depuis le début de cette rencontre !"

Qui s'y frotte s'y pique

Les bruits émis par les brachiosaures dans *Jurassic Park* étaient une combinaison de sons émis par une baleine et un âne.

Le petit coin des énigmes

Un escargot gravit un mur de 1 mètre en une heure, il monte de 30 cm puis glisse de 20 cm.

Combien de temps lui faut-il pour arriver en haut du mur ?

- **8 heures**
- **9 heures**
- **10 heures**

Réponse : 8 heures. En 1 heure, il monte de 30 – 20 = 10 cm. Il met 7 heures pour faire ensuite 70 cm. Et la 8e heure, il fait les 30 cm qui restent.

"À la fin, nous nous souviendrons non pas des mots de nos ennemis, mais des silences de nos amis."

[Martin Luther King]

Cause toujours

NOUS IRONS TOUS SUR MARS

En 2015, la Nasa détecte des traces d'eau sur Mars. L'agence spatiale américaine annonce que ses scientifiques ont trouvé les indices les plus convaincants jusqu'ici de l'existence d'eau liquide (par opposition à la glace ou à la vapeur d'eau) sur la planète Mars. Ce qui laisse entrevoir deux implications de taille : certaines parties de la planète rouge pourraient être habitables ; il se peut aussi que l'on y découvre certaines formes de vie.

Le savais-tu ?

"xoxo" sert en tant que signature d'un message, qui peut être de type sms, courriel, tweet ou encore post Facebook. En français correct, "xoxo" est un synonyme de bisou bisous ou gros bisous.

Le petit coin des jeux

1. Qui Justin Timberlake a-t-il épousé, en 2012 ?
a) Cameron Diaz
b) Britney Spears
c) Gwen Stefani
d) Jessica Biel

2. Quel couple célèbre a eu 4 enfants prénommés Brooklyn, Roméo, Cruz et Harper Seven ?
a) Angelina Jolie et Brad Pitt
b) Madonna et Sean Penn
c) Tim Burton et Helena Bonham Carter
d) David et Victoria Beckham

3. Combien d'années a duré la romance entre Johnny Depp et Vanessa Paradis ?
a) 4 ans
b) 8 ans
c) 10 ans
d) 14 ans

4. Sur le tournage de quel film Robert Pattinson et Kristen Stewart se sont-ils rencontrés ?
a) Harry Potter et la Coupe de Feu
b) Remember Me
c) Twilight
d) Bel-Ami.

Réponses : 1d/ 2d/ 3d/ 4c

"Mais alors, si Dieu n'existe pas, qui ouvre les portes automatiques dans les grands magasins ?"

[Patrick Mussay]

Culture confiture

UNE TASSE DE THÉ ?

Le Chapelier fou – ou Chapelier toqué, selon certaines traductions – est un personnage de fiction qui apparaît pour la première fois lors d'un thé dans *Les Aventures d'Alice au pays des merveilles*, de Lewis Carroll (1865). La mention "10/6" sur le chapeau du Chapelier signifie : dix shillings et six pence, le prix du chapeau en monnaie anglaise. Le nom de Chapelier fou fut certainement inspiré de l'expression "travailler du chapeau" ("as mad as a hatter") ou "fâché comme un chapelier".
Il existe un fait scientifique derrière l'association entre chapellerie et folie. L'usage du mercure entrait dans la préparation de matériaux utilisés pour la fabrication des chapeaux en feutre. Les chapeliers, qui inhalaient les vapeurs des préparations à longueur de journée, tombaient malades et mouraient prématurément.
Les premiers symptômes étaient un langage confus et une vision déformée. Quand la dose de mercure augmentait, les personnes atteintes pouvaient aussi développer des symptômes psychotiques, comme des hallucinations.

Cause toujours

Chaque minute environ, nous déglutissons ce qui représente entre 1 500 et 2 000 occasions par jour de produire de la salive. Un adulte produit environ 1,5 litre de salive chaque jour et 547 litres de salive par personne et par an. Autrement dit, pour les 7,1 milliards d'habitants de la planète, ce sont 123 000 litres de salive qui sont produits chaque seconde, de quoi remplir plus de 1 million de piscines olympiques chaque année !

Pissons de rire

Un missionnaire mijote dans la marmite.
Un des cannibales s'approche et demande :
– Vous vous appelez comment ?
– Qu'est-ce que cela peut vous foutre ?
– C'est pour le menu !

"Une femme sans homme, c'est comme un poisson sans vélo."

[Rodney Dart]

C'est celui qui dit qui y est

ENCORE UN ESPOIR

Plus de 200 pays conviennent de réduire leurs émissions de CO_2. Voilà une nouvelle que l'on pourra qualifier de bonne à condition que ces pays respectent scrupuleusement et durablement les engagements qu'ils ont pris à Paris. Malgré cela, certains estiment que les mesures prises sont insignifiantes et interviennent trop tard. D'autres se disent que, enfin, à Paris, s'est engagé un processus historique d'une importance capitale. Pourvu qu'il en soit ainsi. Car il y va de l'avenir de la civilisation telle que nous l'avons connue jusqu'ici.

Le savais-tu ?

Dans l'espace, certaines planètes foncent à une vitesse étourdissante de 13 333 kilomètres par seconde, soit 48 millions de km/h ! Ce qui est une vitesse encore supérieure à celle des étoiles les plus rapides de la galaxie... et de quoi parcourir 420 milliards de kilomètres par an. Ces planètes hypervéloces acquièrent leur vitesse quand elles sont éjectées de leur orbite par un trou noir.

Cause toujours

Vous rêvez d'un miroir sans traces, sans taches ? Pour le faire briller, passez un demi-citron sur l'ensemble de sa surface et essuyez aussitôt avec un torchon propre, qui ne bouloche pas.

Qui tire la chasse perd sa place

Le manque d'eau est le facteur numéro un de la cause de fatigue pendant la journée. L'eau assure la suffisance du volume du sang et du liquide lymphatique dans le corps. Elle permet au cerveau de bien fonctionner, maintient la chaleur du corps, hydrate la peau et assure la lubrification des articulations et des yeux. D'autre part, l'eau facilite la digestion et le transit intestinal.

"Les religions sont comme des routes différentes convergeant vers un même point. Qu'importe que nous empruntions des voies différentes, pourvu que nous arrivions au même but."

[Gandhi]

Le petit coin des listes

JACKPOT

Les trois anciens employés de PayPal ont bien fait de changer de boulot. Ils ont créé YouTube en 2005 et l'ont vendu un an après à Google pour la somme de 1,54 milliard de dollars. Le service est situé à San Bruno, en Californie.

En 2010, l'ensemble des chaînes de YouTube atteint le milliard d'abonnés. À ce jour, la chaîne YouTube comptant le plus d'abonnés est celle de PewDiePie (plus de 42 millions en février 2016).

LES CLIPS LES PLUS VUS SUR YOUTUBE

1	Gangnam Style	Psy	2 544 200 000
2	See You Again	Wiz Khalifa feat. Charlie Puth	1 589 650 000
3	Blank Space	Taylor Swift	1 535 300 000
4	Uptown Funk	Mark Ronson feat. Bruno Mars	1 477 100 000
5	Shake It Off	Taylor Swift	1 392 500 000
6	Hello	Adele	1 373 650 000
7	Bailando	Enrique Iglesias ft. Descemer Bueno & Gente De Zona	1 345 200 000
8	Dark Horse	Katy Perry feat. Juicy J	1 338 100 000
9	Baby	Justin Bieber feat. Ludacris	1 338 050 000
10	All About That Bass	Meghan Trainor	1 316 100 000

Le petit coin des listes

LES CITATIONS AMUSANTES

“Je me rends cette justice qu’en fait de sans-culottes, je n’ai jamais aimé que les femmes.”
Les Misérables, Victor Hugo

“Ses mains étaient froides comme celles d’un serpent.”
Le Mystère de la chambre jaune, Gaston Leroux

“Quand se décidera-t-on à prendre les comiques au sérieux ?”
Sacha Guitry

“L’idée folle selon laquelle la terre est ronde est la source de cette légende imbécile.”
De Opificio Dei, Lactantius Firmianus

“Les dieux nous ont créés par erreur ou par plaisanterie.”
Lovecraft

“Elle partit d’un de ses éclats de rire de crocodile.”
Carmen, Prosper Mérimée

“Enfin, mettant la main sur ses yeux comme ces oiseaux qui se rassurent…”
Colomba, Prosper Mérimée

“J’aime les homards parce qu’ils n’aboient pas.”
Gérard de Nerval

“Les femmes contiennent de la dynamite, on s’en aperçoit quand on les laisse tomber.”
Marcel Pagnol

“Le caramel est un invité du palais qui menace la couronne.”
Tristan Bernard

"On ne peut demander
qu'ils soient rationnels à :
– un homme amoureux,
– une femme amoureuse,
– une femme qui n'est pas amoureuse."

George Bernard Shaw

"La différence entre un avocat et un médecin est que le premier vous vole seulement votre argent, quand le second fait de même et vous tue en plus."

Anton Tchekhov

"Marlène Dietrich a un nom qui commence comme une caresse et finit comme un coup de fouet."

Jean Cocteau

"Je n'ai jamais souhaité la mort de quelqu'un, mais il m'arrive de lire la rubrique nécrologique avec grand plaisir."

Mark Twain

"Les rumeurs concernant ma mort sont très exagérées !"

Mark Twain

"Supposons que vous êtes un idiot et supposons que vous êtes membre du Congrès. Mais je suis en train de me répéter."

Mark Twain

"L'avenir m'intéresse puisque je suis condamné à y passer le reste de mes jours."

Paul Valery

"L'avenir n'est plus ce qu'il était."

Paul Valery

"On entre dans l'avenir à reculons."

Paul Valery

Pissons de rire

Alex, 10 ans, en bilan d'évolution (L2MA)
La maîtresse lui demande : "Le chien a soif, il boit, le chien avait soif…"
"Il a… (la maîtresse retient son souffle, pleine d'espoir)… il aboie !

Le savais-tu ?

UNE EXCELLENTE NOUVELLE : LA FIN DE LA POLIOMYÉLITE EN AFRIQUE

C'est inédit, 2015 est la première année sans nouveau cas de poliomyélite en Afrique. Un combat dont Bill Gates s'était fait le fer de lance et qui se solde aujourd'hui par cet excellent résultat. La polio paralysait chaque année 350 000 enfants dans le monde. De 1988 à aujourd'hui, le nombre de cas a chuté de 99,9 %. En 2015, les victimes de cette maladie seront moins d'une centaine (principalement au Pakistan et en Afghanistan). Et pour la première fois de l'histoire, donc, l'Afrique n'enregistre pas de nouvelle incidence. Quelquefois, quand l'humanité veut, elle peut.

***"Démission des parents :
action consistant à donner beaucoup d'argent de poche et peu de gifles."***

[Jean Dutourd]

C’est celui qui dit qui y est

VOYOU OU PAS VOYOU ?

“Thug” se prononce [Teug] en français. Teug par-ci Teug par-là… ce mot que l’on entend partout.
Mais qu’est-ce que ça veut dire ?
Wikipédia commence son article par “Les Thugs, Thags ou Thagîs constituaient une confrérie d’assassins professionnels et adorateurs de Kâli.” Voilà pour les origines, au XIIIe siècle. Et le site wordreference.com traduit “thug” par “voyou, malfrat”. C’est la définition la plus répandue.
Toutefois, le site Urban Dictionary ne va pas dans le même sens. “Pour Tupac (le rappeur), un thug est quelqu’un qui doit faire face à des problèmes ou a dû faire face à des problèmes ; et qui continue à vivre sa vie coûte que coûte. Un thug n’est pas un gangster”, ou alors bien malgré lui. Hum…
Toujours selon la même source, les gangsters se divisent en deux catégories. D’un côté, on trouve ceux qui se prennent pour des gangsters, généralement des petits dealers, et de l’autre… les vrais gangsters, qui font partie de la mafia ou d’organisations du même genre, comme on peut le voir dans *Le Parrain*.

Fromage ou dessert ?

TOUT UN FROMAGE

Selon une étude menée par le Centre for Retail Research, en Grande-Bretagne, qui a interrogé 1 187 détaillants représentant plus de 250 000 points de vente dans 43 pays, le fromage est l'aliment le plus volé dans le monde. Selon leurs données, 4 % du fromage dans le monde est volé.

"Un dessert sans fromage est une belle à qui il manque un œil." [Anthelme Brillat-Savarin]

"Entre la poire et le fromage" désigne le moment de la fin du repas.

"Pas la peine d'en faire tout un fromage !" Pas la peine d'en faire un problème.

Avoir du fromage dans la bouche (mauvaise haleine).

Aller manger du fromage (aller à l'enterrement).

Manger du pain et du fromage (repas de funérailles).

Laisser le chat aller au fromage (quand l'homme va à la femme, connotation sexuelle).

Une mauvaise éclisse fait un bon fromage (proverbe auvergnat).

J'ai tiré lait, beurre et fromage de ma vache, et j'ai perdu mon veau (proverbe corse).

"L'héroïsme, c'est comme le soufflé au fromage : ça ne supporte pas d'attendre." [Marcel Pagnol]

"L'âge ne compte pas, à moins d'être un fromage." [Billie Burke]

"Certains délinquants sont comme des fromages : ils commencent à se montrer coulants quand ils sont faits…" [Jean Delacour]

“On peut lire sur les boîtes de fromage : 45 % de matière grasse. Sur les couvertures de certains romans, on devrait lire : “1 % de matière grise !” [André Birabeau]

“Les riches d’aujourd’hui, c’est comme les fromages trop faits, ça ne sait plus garder les distances.” [Marcel Aymé]

“Le fromage fait tout digérer, sauf lui-même.” [James Joyce]

Tirez la chasse

Le réalisateur de *Cannibal Holocaust* a dû prouver devant un tribunal que les acteurs du film étaient toujours vivants et n’avaient pas été tués pendant le tournage.

“La démocratie devrait assurer au plus faible les mêmes opportunités qu’au plus fort.”

[Gandhi]

Le petit coin des jeux

1. Laquelle de ces constructions n’est pas de Gustave Eiffel ?

a) Les Halles de Paris
b) Le viaduc de Garabit
c) Le pont sur le Rach-Lang de Saïgon
d) La gare de Pest, en Hongrie

2. Quel personnage dit toujours : “Non, tu ne chanteras pas, Assurancetourix !”

a) Ordralfabétix
b) Abraracourcix
c) Cétautomatix

Réponses : 1a/ 2c (Cétautomatix est le forgeron du village gaulois).

“Alex Ferguson est le meilleur entraîneur que j’ai jamais eu à ce niveau. Bon, d’accord, c’est le seul entraîneur que j’ai eu. Mais c’est quand même le meilleur entraîneur que j’ai eu.”

[David Beckham]

La culture pas chiante

LE CORPS, EN CHIFFRES

2 000 kg, telle est la pression maximale à laquelle l'ossature peut résister. L'os le plus lourd est le fémur, environ **1 kg**.
640 muscles pour mouvoir un corps, dont le plus petit, le muscle de l'étrier, logé dans l'oreille moyenne, ne fait que **0,5 cm**.
360 km/h, c'est la vitesse de pointe digne d'une F1 à laquelle un stimulus nerveux se déplace dans le corps.
150 litres de liquide sont filtrés par les reins chaque jour. Quotidiennement, ces organes sécrètent **1,5 litre** d'urine.
1,500 km, c'est le circuit de la paroi interne de l'intestin grêle, villosités comprises. Sans ces aspérités, l'intestin grêle ne fait plus que **7 mètres** de long, contre **1,50 mètre** pour le côlon.
2 km, telle est la superficie totale de la peau.
Nous dormons environ **1/3** de notre vie, soit **202 300 heures** ou un peu plus de **23 ans**, et quelque **128 000 rêves et cauchemars** peuplent toutes ces nuits. La liste pourrait continuer…

Fromage ou dessert ?

Vous avez des herbes fraîches que vous allez perdre ? Déposez-les dans des bacs à glaçons, recouvrez d'huile d'olive (ou autre), et congelez. Prenez ensuite un glaçon aromatisé pour faire chauffer dans une poêle au lieu d'utiliser votre huile directement de la bouteille. Une excellente façon d'ajouter du goût à vos recettes. Les cubes se gardent environ 1 an au congélateur.

Pissons de rire

Le professeur dit : Vous allez faire une phrase avec les mots suivants : green, yellow, pink. Je donne un exemple :

– I wake up in the morning, the sun is yellow in the sky, and there is a pink balloon on the green grass.

L'élève réfléchit et dit :

– I wake up in the morning, the phone was phoning : green, green, green. I pink it and say : yellow…

"Il vaut mieux être cocu que ministre, ça dure plus longtemps et l'on n'est pas obligé d'assister aux séances."

[Léo Campion]

La question de dame pipi

VAUT-IL MIEUX NE PAS DORMIR AVEC UNE PLANTE DANS SA CHAMBRE ?

Vrai ou Faux.

Faux, au contraire : vous aussi, vous craignez qu'une plante ne vous intoxique avec le carbone qu'elle rejette la nuit ? C'est une idée reçue ! Contrairement à ce que l'on croit, la photosynthèse ne s'inverse pas la nuit. La photosynthèse s'arrête, tout simplement. Le jour, la plante absorbe du carbone et produit de l'oxygène. Donc, la plante respire le jour et la nuit. En conséquence, une plante dégage toujours du carbone, mais en quantité infime – aucune répercussion sur la santé. Une plante peut même assainir l'air d'une pièce.

Par exemple :

Le ficus, qui agit sur la fumée de cigarette, les désodorisants ou encore les vernis.

La fougère, qui est l'une des plantes d'intérieur les plus efficaces pour dépolluer l'air.

Ou le philodendron, le calathea, l'anthurium, etc.

Le petit coin des jeux

1. Combien y a-t-il de mois de 31 jours dont le mot contient un J ?
2. À quel nombre vous fait penser le mot TÉTRALOGIE ?
3. Quel nombre a le plus de lettres entre 100 et 120 ?

Réponses :
1 = 2 mois/ 2 = 4/ 3 = 114

C'est celui qui dit qui y est

La Lune, depuis des milliards d'années, s'éloigne progressivement de la Terre. On a mesuré à quelle vitesse elle quitte notre orbite par laser : elle est plus lointaine de 3,2 centimètres chaque année.

Quelle est la distance entre la Terre et la Lune ? 384 402 km.

C'est celui qui dit qui y est

On estime à 32 millions le nombre d'éclairs qui frappent le sol chaque année dans le monde, soit plus d'un éclair chaque seconde. Il existe deux sortes de foudre : l'éclair descendant (du sommet du nuage vers le sol) ou bien l'éclair ascendant (du sol vers la base du nuage).

Les potins de dame pipi

L'ESPRIT DE FAMILLE DE CHARLEMAGNE

Charlemagne était le père de 8 garçons et 10 filles. Issus pour certains de liaisons avec des concubines, ses enfants bénéficiaient tous du même traitement. À la mort de son fils Pépin, ses cinq petits-enfants vinrent habiter sous son toit et furent élevés comme ses propres enfants. Son système d'éducation consistait d'abord à développer l'esprit de l'enfant en l'initiant aux arts libéraux. Ensuite, pour les garçons, il leur apprenait à monter à cheval, à manier les armes et à chasser. Pour les filles, c'était les travaux de laine, le maniement de la quenouille et du fuseau. Charles ne pouvait se séparer de ses enfants, pas plus au moment des repas que pendant ses voyages, mais il demeurait rigoureux, à aucun moment il ne négligeait leur éducation. Son adoration pour ses filles le poussa à n'en marier aucune. Il acceptait toutefois qu'elles puissent avoir des amants. Rotrude et Berthe eurent même des enfants… bâtards.

Le savais-tu ?

ATCHOUM !

On a beau être familier avec les symptômes du rhume, on n'en connaît pas tous les secrets !

1. Une simple poignée de main ne provoque pas un rhume. C'est plutôt le fait de porter ladite main à la bouche, au nez ou au visage après avoir touché une personne contaminée qui risque de nous rendre malade, car le virus se propage à travers les muqueuses et non par la peau. Donc, mieux vaut se laver les mains fréquemment et se tenir loin en cas de toux ou d'éternuement suspect !

2. On peut être infecté par le virus sans en éprouver les symptômes. Notre système immunitaire neutralise différents virus de rhume plusieurs fois par année. Il est donc possible d'être infecté par un rhume sans en ressentir les effets.

3. Il existe plus de 200 virus pouvant causer un rhume. Les rhinovirus, qui causent la plupart des rhumes chez les adultes, comprennent à eux seuls une centaine de variétés !

4. Le temps froid ne cause pas le rhume. C'est plutôt le fait de passer plus de temps à l'intérieur et de fréquenter des personnes contaminées qui augmente les risques. Cependant, exposé au froid, le mucus se liquéfie et devient plus perméable aux virus. Alors on se couvre le nez !

5. Le bouillon de poulet est vraiment efficace ! Rien de mieux qu'un remède de grand-mère pour apaiser un peu les symptômes. En plus de nous apporter une bonne dose de réconfort, le bouillon de poulet contient de la cystéine, un composé chimique qui contribue à diminuer l'écoulement nasal.

6. Les antibiotiques n'ont aucun effet sur le rhume. S'il existe une foule de médicaments et de produits naturels pour traiter les symptômes du rhume, les antibiotiques ne servent à rien puisqu'ils sont efficaces pour combattre les bactéries, et non les virus. S'autoriser une journée de repos et s'hydrater suffisamment peut faire des miracles.

7. Le rhume peut survivre plusieurs heures sur un objet. Les rhinovirus, qui sont responsables d'environ 50 % des rhumes, peuvent survivre jusqu'à trois heures sur plusieurs surfaces, dont le formica, l'acier inoxydable, le bois verni, le nylon, l'acétate, la laine et la soie. Raison de plus pour désinfecter les objets de la vie courante qui pourraient avoir été contaminés.

8. Le stress est un facteur de risque important. Une méta-analyse tirée de 27 études a permis de conclure que le stress rend l'organisme plus vulnérable aux infections de type respiratoire. De plus, lorsqu'on est fatiguée, notre organisme, occupé à récupérer, est moins efficace pour maîtriser les virus.

9. La vitamine C n'a pas le même effet sur tout le monde. Il a été prouvé que, chez les athlètes atteints du syndrome du surentraînement, la prise de suppléments de vitamine C peut réduire les risques de contracter un rhume. En revanche, pour le commun des mortels, consommer quotidiennement de la vitamine C n'aurait aucun effet direct sur le rhume.

Tirez la chasse

Dans l'Antiquité, les Romains adoraient se faire des shampooings de fientes de pigeon pour se décolorer les cheveux.

Le petit coin des jeux

1. **Sous quel nom connaît-on aujourd'hui l'ancien royaume de Siam ?**
   a) La Birmanie
   b) La Thaïlande
   c) Le Laos
   d) Le Viêt Nam

2. **Depuis sa fondation, Jérusalem est une ville très disputée. Lequel de ces peuples n'a jamais régné sur la ville ?**
   a) Les Perses
   b) Les Francs
   c) Les Berbères

Réponses : 1b/ 2c

"Le vedettariat, c'est bidon. Vous mettez une vache à la télé, c'est la vache la plus célèbre."

[Michel Drucker]

Retour de bâton

MCDONALD'S PRESQUE RUINÉ PAR LES RUSSES

Avant les Jeux olympiques de Los Angeles, en 1984, McDonald's lança une opération marketing associée à la compétition. Il distribua à ses clients des cartes liées à une série de compétitions. Le principe était simple, quand un Américain remportait une médaille de bronze, un soda était offert ; pour l'argent, c'étaient des frites. Et, pour une médaille d'or, c'était un hamburger.

L'entreprise avait fait ses calculs en se fondant sur les Jeux 1976, où les athlètes américains avaient remporté 94 médailles.

Mais en 1984, l'URSS boycotte les Jeux olympiques. Les États-Unis surclassent tout le monde et remportent 174 médailles, dont 83 en or. Et McDonald's perd des millions de dollars.

"HOUSTON, NOUS AVONS UN PROBLÈME" N'EST PAS LA BONNE PHRASE

Les cosmonautes Jim Lovell, Fred Haise et Jack Swigert sont les hommes qui se sont le plus éloignés de la Terre. 400 171 km, soit 254 km plus loin que la Lune.
Ils détiennent également le record de la phrase spatiale, après celle de Neil Armstrong, la plus célèbre et répétée de l'histoire de l'humanité :

"Houston, nous avons eu un… problèèèèème."

L'histoire de leur voyage est particulièrement mouvementée.
Juste avant le départ, après des mois d'entraînement, le pilote du module de commande ne peut plus partir… il a la rougeole. Il a fallu le remplacer au pied levé.
Durant la phase de lancement, l'un des cinq moteurs ne fonctionne plus. Apollo 13 atteint néanmoins l'espace et la mission peut commencer, direction la Lune.
Mais le deuxième jour, un réservoir qui devait être vidangé refusa de se vider…
La compensation avec les autres réservoirs entraîna une série de catastrophes : deux rupteurs fondirent, la température à l'intérieur du réservoir dépassa 600 °C alors qu'elle ne devait pas dépasser 26 °C, il fallut vaporiser les câblages, étincelles

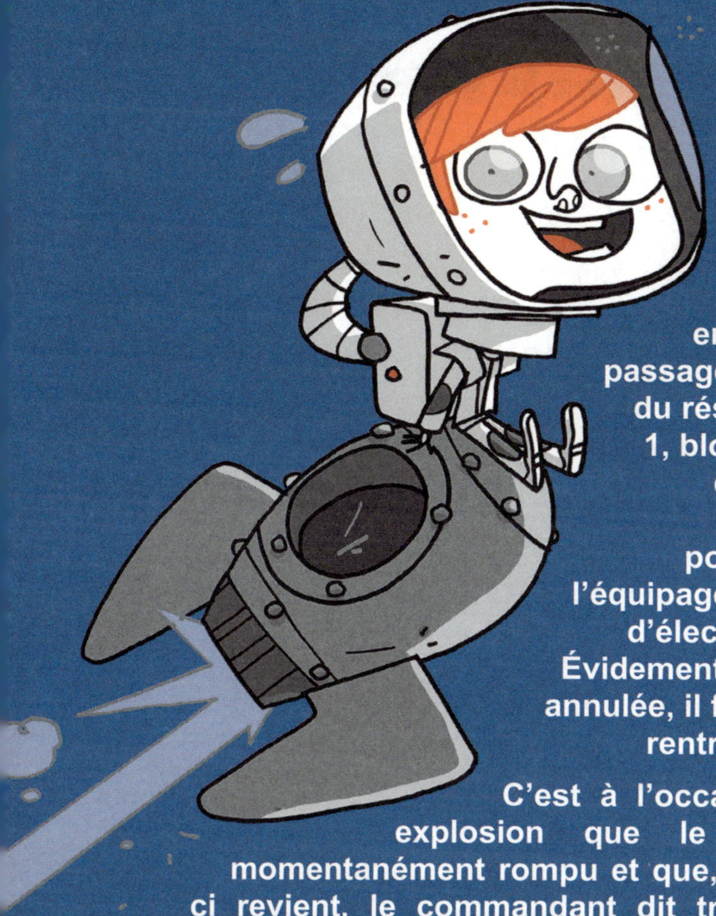

dans le réservoir. Et finalement, explosion du réservoir numéro 2, qui endommagea au passage les conduites du réservoir numéro 1, bloqua les valves de propulseurs de contrôle de position et laissa l'équipage avec très peu d'électricité et d'eau. Évidement la mission est annulée, il faut essayer de rentrer sain et sauf.

C'est à l'occasion de cette explosion que le contact est momentanément rompu et que, lorsque celui-ci revient, le commandant dit très calmement à l'équipe au sol : "Houston, nous avons eu un problème."

La phrase a été changée pour le cinéma et la culture populaire en "Houston, nous avons un problème" parce que la vraie phrase suggérait que le problème était déjà résolu, ce qui ruine l'effet dramatique, bien entendu.

Le retour s'est plutôt correctement passé, étant donné les circonstances, si ce n'est que le rationnement de l'eau causa une infection urinaire à un astronaute, qui arriva à Terre avec de la fièvre. Il est donc le premier homme qui a réussi à tomber malade dans l'espace (si l'on excepte le mal de l'espace).

Tirez la chasse

R2-D2 et C-3PO, une belle amitié. Mais à l'écran seulement. En fait, les deux robots mythiques de *Star Wars* dont le duo fonctionne si bien se haïssent cordialement. Ou plutôt, les acteurs qui sont à l'intérieur : Kenny Baker et Anthony Daniels.

Le petit coin des jeux

1. Qui a envoyé le premier message télégraphique, en 1844 ?
a) Samuel Morse
b) John Morse
c) Alexandre Morse

2. De quel pays le Chili est-il séparé par la chaîne andine ?
a) Le Paraguay
b) L'Argentine
c) L'Uruguay

3. Qui fut sacré meilleur grimpeur lors du tour de France, en 1999 ?
a) Richard Virenque
b) Alberto Elli
c) Mariano Piccoli

4. En quelle année eurent lieu les tristement célèbres manifestations de la place Tian'anmen ?
a) 1987
b) 1988
c) 1989

5. Qui est cet aviateur qui réussit à traverser l'Atlantique Nord sans escale, en 1927 ?
a) Charles Lindbergh
b) Antoine de Saint-Exupéry
c) Lloyd George

Réponses : 1a/ 2b/ 3a/ 4c/ 5a

Culture confiture

POE PEUT AUSSI FAIRE PEUR EN SE DÉSHABILLANT

Edgar Allan Poe (1809-1849) est un poète et conteur américain, doué d'un imaginaire exubérant et macabre qui marqua profondément le genre fantastique. L'influence de Poe a été et demeure importante, aux États-Unis comme dans l'ensemble du monde, non seulement sur la littérature, mais également sur d'autres domaines artistiques tels le cinéma et la musique, ou encore dans des domaines scientifiques.

Une légende rapporte qu'Edgar Allan Poe fut expulsé de l'Académie militaire de West Point, en 1830, pour "manquement grave à son devoir". Il s'était présenté nu à une parade publique. Les instructions relatives à la tenue de rigueur lors des parades faisaient mention de "ceinture blanche et gants blancs sous les armes" et Poe les appliqua au pied de la lettre. Il se présenta sur le champ de parade fusil en bandoulière, vêtu exclusivement d'une ceinture blanche et de gants blancs.

Fromage ou dessert ?

COMMENT FAIRE DES BONBONS À LA FRAISE ?

Vous pouvez faire vous-même de délicieux jujubes santé à partir de vraies fraises : faire sécher des morceaux de fraises au four, sur une plaque, pendant 3 heures à 200 °C. Le résultat donne une texture ressemblant à celle de la réglisse. Vous pouvez les manger tel quel ou bien les mettre dans les céréales, les muffins, les crêpes, etc.

"J'ai fait un peu de bien, c'est mon meilleur ouvrage."

[Voltaire]

Pas de quartier !

LES SUICIDES DES CHIENS

Le pont d’Overtoun est un pont en arc situé à Milton, en Écosse.

Un imposant manoir fut construit, en 1860, par James White. Après sa mort, son fils John passe un accord avec son voisin pour récupérer des terres et construit un pont qui enjambe un petit ruisseau, le Overtoun Burn. Depuis les années 1950 ou 1960, on a rapporté une cinquantaine de cas de chiens ayant sauté par-dessus le parapet, du même côté et au même niveau du pont. Ce saut entraîne le plus souvent la mort de l’animal, ou si ce n’est pas le cas, l’animal retente un autre saut au même endroit. Le villageois parlent de “suicides de chiens” et de pont maléfique. La tradition celtique locale faisant d’Overtoun un lieu proche de l’autre monde, le monde des morts a aussi été évoqué.

La SPA écossaise s’est émue de l’affaire et des experts se sont penchés sur la question. Les accidents ont en général lieu par beau temps et la plupart des victimes appartiennent à une race à l’odorat fin, colleys ou labradors. Si l’on écarte les hypothèses paranormales, on peut envisager que les chiens soient attirés par un son ou une odeur. Des tests acoustiques ont éliminé la première possibilité, mais un expert en comportement animal a mis en évidence le fort pouvoir attractif sur les chiens de l’odeur des visons présents près du pont. Ces animaux, introduits en Écosse dans les années 1920, seraient devenus très nombreux à partir des années 1950, ce qui coïncide avec le début du phénomène. Par ailleurs, leur odeur est moins diluée par temps sec. Mais si une odeur les attire en bas, pourquoi ceux qui survivent à une chute remontent pour sauter une nouvelle fois ?

Fromage ou dessert ?

Pour éviter de faire des grumeaux, ajoutez quelques gouttes de jus de citron dans vos préparations. Là où le citron passe, les grumeaux trépassent !

Le petit coin des énigmes

Quand après-demain sera hier, il nous faudra autant de jours pour atteindre dimanche qu'il nous en a fallu quand avant-hier était demain, pour que nous soyons aujourd'hui.

Quel jour sommes-nous ?

Réponse :

Lundi. „Quand après-demain sera hier" peut se dire „dans trois jours". Donc, on traduit : „Dans trois jours, il nous faudra autant de jours pour atteindre dimanche qu'il nous a fallu il y a trois jours, pour que nous soyons aujourd'hui". Si, dans trois jours, il faut trois jours pour atteindre dimanche, on est lundi.

"L'amour est une catastrophe magnifique : savoir que l'on fonce dans un mur, et accélérer quand même."

[Frédéric Beigbeder]

Cause toujours

LES COURSES DANS LE CIEL

DESCENTE EN PIQUÉ

Faucon pèlerin : 400 km/h

Aigle royal : 300 km/h

EN VOL

Faucon pèlerin : 300 km/h

Martinet : 380 km/h

Aigle royal : 160 km/h

Poule : 158 km/h en piqué

Vautour : 150 km/h

Oie sauvage : 140 km/h

Poisson volant : 90 km/h sur 300 m

Libellule : 90 km/h

Perdrix : 84 km/h

Faisan : 70 km/h

Faucon crécerelle : 66 km/h

Hirondelle : 60 km/h

Grive : 51 km/h

Sphinx (papillon) : 50 km/h

Pélican : 48 km/h

Buse variable : 43 km/h

Mouette : 42 km/h

Corbeau : 38 km/h

Moucheron : 35 km/h

Chardonneret : 30 km/h

Les points sur les i

LE VÉLO, C'EST PAS FAIT POUR LES FEMMES !

On n'y pense pas, mais le développement de la bicyclette a permis le progrès de l'émancipation des femmes, même si l'accès au vélo pour ces dernières a été semé d'embûches. La féministe Susan B. Anthony a même déclaré, en 1896, que l'engin avait accompli davantage pour cette libération que quoi que ce soit d'autre au monde. Mais même après le tour du monde en vélo d'Annie Londonderry, en 1895, certains médecins et moralistes persistaient à affirmer que la bicyclette présenterait une menace pour la santé physique

Pissons de rire

– Quel est votre secret pour ne jamais vous disputer, demande quelqu'un à un couple qui fête ses trente ans de mariage.

– Oh, c'est simple, répond l'homme. Je prends les grandes décisions et ma femme prend les petites décisions, ainsi il n'y a jamais de conflit entre nous.

– Ah bon, et quelles sont les "petites décisions" ?

– C'est où habiter, où aller en vacances, comment dépenser l'argent, etc.

– Et quelles sont alors les "grandes décisions" ?

– C'est savoir si les États-Unis doivent envahir l'Afghanistan, ou qui il faut élire comme président…

et mentale des femmes. De plus, elle encouragerait au dévergondage et à l'exhibitionnisme. On pensait par exemple que chevaucher une selle et se mettre en mouvement dans cette position pouvait conduire les femmes à développer des pratiques masturbatoires, absolument immorales à l'époque. De plus, les vêtements féminins du XIXe siècle, qui visaient à dissimuler le corps le plus possible, n'étaient absolument pas adaptés à la pratique sportive. Le port du pantalon étant illégal pour les femmes, elles se battent alors pour porter le bloomers, une sorte de short féminin plus pratique pour faire de la bicyclette.

Quelques dates :

1817 : le baron allemand Karl Drais von Sauerbronn invente l'ancêtre de la bicyclette.

1867 : les premiers vélocipèdes à pédales de la Maison Michaux sont commercialisés. Un succès.

1868 : première course cycliste.

1868 : certaines compétitions de vélo ont été ouvertes aux femmes.

1903 : naissance du Tour de France.

Culture confiture

LES SYMBOLES SONT PARTOUT

En regardant certains films de façon plus approfondie, on remarque souvent qu'ils sont truffés de symboles et de références. Prenons deux exemples.

Les noms des principaux personnages de *Matrix* n'ont pas été choisis au hasard et ont chacun une réelle signification : Neo est ainsi l'anagramme de One (l'Élu) et vit dans l'appartement 101, Morpheus renvoie au dieu des Songes, Morphée, Trinity représente la Trinité mère/femme/guerrière et vit au n° 303, alors que Cypher rappelle indubitablement Lucifer. Quant à l'agent Smith, qui est à la fois partout et nulle part, il est tout simplement affublé du patronyme le plus usité aux États-Unis…

"Quand les hirondelles volent bas, les souris dansent parce qu'elles se sont trompées de proverbe."

[François Cavanna]

Tirez la chasse

LE TERME RAGOT ADMET DEUX SENS COURANTS. Il peut vouloir dire rumeur. Exemple : “N’écoute pas les ragots, Clément.”
Il peut aussi désigner un sanglier âgé de 2 à 3 ans. De 0 à 6 mois le jeune sanglier est appelé marcassin, puis “bête rousse” jusqu’à 12 mois.
Ragot est aussi un nom de famille assez répandu en France.

Dans *The Truman Show*, un projecteur qui sert à imiter la lueur d’une étoile dans le monde truqué de Truman tombe du ciel et le touche presque. La marque sur le projecteur est Sirius. Sirius est une étoile liée au divin et considérée comme le berceau des “grands enseignants” de l’humanité dans la mythologie de quelques civilisations primitives : c’est une croyance répandue. La rencontre de Truman et de Sirius lui donne un regard de “vraie connaissance” et le pousse vers une quête de la vérité.

Pissons de rire

Au bord de l'eau, dans un petit village côtier mexicain, un bateau rentre au port, rapportant plusieurs thons. L'Américain complimente le pêcheur mexicain sur la qualité de ses poissons et lui demande combien de temps il lui a fallu pour les capturer :

– Pas très longtemps, répond le Mexicain.

– Mais alors, pourquoi n'êtes-vous pas resté en mer plus longtemps pour en attraper plus ? demande l'Américain.

Le Mexicain répond que ces quelques poissons suffiront à subvenir aux besoins de sa famille.

L'Américain demande alors :

– Mais que faites-vous le reste du temps ?

– Je fais la grasse matinée, je pêche un peu, je joue avec mes enfants, je fais la sieste avec ma femme. Le soir, je vais au village voir mes amis. Nous buvons du vin et jouons de la guitare. J'ai une vie bien remplie.

L'Américain l'interrompt :

– J'ai un MBA de l'université de Harvard et je peux vous aider. Vous devriez commencer par pêcher plus longtemps. Avec les bénéfices dégagés, vous pourriez acheter un plus gros bateau. Avec l'argent que vous rapporterait ce bateau, vous pourriez en acheter un deuxième et ainsi de suite jusqu'à ce que vous possédiez une flotte de chalutiers. Au lieu de vendre vos poissons à un intermédiaire, vous pourriez négocier directement avec l'usine, et même ouvrir votre propre usine. Vous pourriez alors quitter votre petit village pour Mexico City, Los Angeles, puis peut-être New York, d'où vous dirigeriez toutes vos affaires.

***"Vends corbillard occasion :
levier de vitesse bloqué au point mort."***

Fromage ou dessert ?

Vous voulez faire un gâteau mais vous n'avez pas d'œufs ? Vous pouvez remplacer chaque œuf par 1/3 de tasse de compote de pommes, ¼ de tasse de yogourt ou 1/2 banane écrasée. La texture ne sera pas exactement la même, mais le gâteau sera réussi !

Le Mexicain demande alors :

– Combien de temps cela prendrait-il ?

– Entre 15 et 20 ans, répond le banquier américain.

– Et après ?

– Après, c'est là que ça devient intéressant, répond l'Américain en riant. Quand le moment sera venu, vous pourrez introduire votre société en Bourse et vous gagnerez des millions.

– Des millions ? Mais après ?

– Après, vous pourrez prendre votre retraite, habiter dans un petit village côtier, faire la grasse matinée, jouer avec vos petits-enfants, pêcher un peu, faire la sieste avec votre femme et passer vos soirées à boire et à jouer de la guitare avec vos amis.

Au pied du mur

Sur l'île de Miyako, dans le sud du Japon, une pierre de 1,40 mètre de haut a longtemps joué un rôle important. Ceux dont la taille dépassait la pierre devaient payer un impôt.

Le petit coin des énigmes

1. Un cosmonaute rentre dans une salle remplie d'hélium, avec dans ses mains une boîte d'allumettes. Il en sort une de la boîte et la craque. Que se passe-t-il ?

2. Cinq voyelles, une consonne, en français, composent mon nom. Et je porte sur ma personne de quoi l'écrire sans crayon.

Réponses :

1. Il ne se passe rien. Il ne faut pas oublier le triangle du feu : il n'y a pas d'oxygène, donc l'allumette ne s'allume pas.
Deuxième raison pour qu'il ne se passe rien : l'hélium est un gaz inerte, il ne brûle pas, il n'est pas sujet aux réactions chimiques.

2. L'oiseau.

“Ma femme et moi avons envisagé le divorce. Mais après avoir demandé des devis aux avocats, on a préféré s'acheter une nouvelle voiture.”

[Henny Youngman]

Qui tire la chasse perd sa place

GÉNÉRAL NOUS VOILÀ

Alain Dag'Naud raconte l'arrivée en France du général de Gaulle, en juin 1944. Contrairement à ce que pourrait faire croire la légende, l'accueil n'a pas toujours été celui qu'il attendait...

"Le Général part de Londres le 14 juin 1944 au matin avec une suite de 19 personnes et de nombreux bagages. Au port de Courseulles, au nord-est de Bayeux, il faut réquisitionner de nombreuses Jeeps. De Gaulle exige qu'elles soient conduites par des chauffeurs français. Entré à Bayeux, de Gaulle se rend à pied à la sous-préfecture. Le fonctionnaire en place l'accueille avec tous les honneurs mais se rend compte, trop tard, que la réception s'effectue sous le portrait du maréchal Pétain. Dans la rue, la foule s'est rassemblée. Une vieille femme crie : 'Vive le Maréchal !'. De Gaulle marmonne : "Encore une qui ne lit pas les journaux."

Fromage ou dessert ?

DURÉE DE CONGÉLATION MAXIMALE :
Légumes : 12 mois
Fruits : 10-12 mois
Poisson : 3 mois
Bœuf, poulet, gibier : 12 mois
Mouton, agneau, veau : 9 mois
Sauces : 3 mois
Potages : 3 mois

La question de dame pipi

D'OÙ VIENT L'EXPRESSION "LA ROUE TOURNE" ?
Elle signifie : les choses changent, évoluent.
Cette expression remonte à la mythologie romaine. La déesse du Hasard, Fortuna, décidait du destin des hommes avec sa roue, qu'elle faisait tourner selon ses humeurs. Cette roue, devenue symbole du destin, entraînait chance ou malchance dans la vie des gens.

"Les jaloux sont comme les fous et les ivrognes, ils ne se rendent jamais compte de leurs souffrances. La jalousie provient d'un manque de confiance non pas envers l'autre, mais envers soi-même."

[Eugène Cloutier]

La culture pas chiante

AUTOVAP

Les premiers véhicules automobiles étaient propulsés par la seule énergie connue à l'époque : la vapeur.

En 1769, l'ancêtre de la voiture fut le "Fardier" à trois roues de Nicolas Joseph Cugnot. Il fut construit sur l'ordre du duc de Choiseul aux frais du roi Louis XV.

Le véhicule faisait 7,25 mètres de long et 2,19 mètres de large. Les roues arrière faisaient 1,23 mètre de diamètre. Il ne pesait pas moins de 2,8 tonnes à vide.

Une énorme chaudière à l'avant, 2 cylindres en bronze et une vitesse de pointe qui était de 3,5 km/h.

En 1771 fut construit la deuxième Fardier de Cugnot. Elle avait une capacité de charge de 5 tonnes. Mais il fallait s'arrêter toutes les deux minutes pour faire remonter la pression.

Pas de fumée sans feu

L'ENCENS, C'EST POUR ASSAINIR L'AIR ?

Vrai ou faux ?

Faux. Parfums et désodorisants d'intérieur dégagent des substances chimiques et polluent votre maison. L'encens aussi ! L'encens émet du benzène et du formaldéhyde. Le papier d'Arménie, lui, en émet des quantités beaucoup moins importantes.

Culture confiture

Mark Twain fut l'auteur, en 1875, du premier manuscrit entièrement rédigé à la machine à écrire : *Les Aventures de Tom Sawyer* fut rédigé avec une Sholes, du nom de l'inventeur de la machine à écrire. Parmi les premiers utilisateurs de la machine à écrire, mentionnons les noms de Henry James et de Sigmund Freud.

"La nature fait les hommes semblables, la vie les rend différents."

[Confucius]

La culture pas chiante

L'AUTRE LE FOUR, J'AI FAIT

En 1921, à l'Hôtel Drouot, les biens de Landru furent vendus aux enchères. Le poêle dans lequel il avait brûlé ses 11 victimes fut acquis pour la modique somme de 46 francs, revendu 4 200 francs, en 1923, au musée Grévin, puis finalement racheté bien plus tard par l'animateur Laurent Ruquier, passionné par ce personnage. Il le mit d'ailleurs en exposition à l'entrée du théâtre où s'est jouée une de ses pièces sur le tueur en série.

Landru est accusé du meurtre de onze personnes : Henri Landru, à partir de 1915, se faisant passer pour un homme veuf, esseulé et disposant d'une certaine aisance, entreprit de séduire des femmes seules et riches. Simulant une prospérité qui n'était que de façade, il leur faisait miroiter le mariage et, à cette fin, les invitait à séjourner brièvement dans une villa isolée qu'il louait à Gambais (Seine-et-Oise, actuel département des Yvelines).

À force d'éloquence, il parvenait à faire signer à ses victimes une procuration qui lui permettait ensuite de faire main basse sur leurs comptes bancaires. Il ne lui restait plus qu'à étrangler ces dames imprudentes, puis à faire disparaître les corps en les brûlant dans le fourneau de la villa.

Les points sur les i

BELLE EST LA CANNELLE

Chaque fois que vous mettez de la cannelle quelque part dans votre assiette, vous faites une faveur à votre corps.

Cette épice est en effet reconnue depuis des siècles comme un remède naturel grâce à ses propriétés anti-inflammatoires, anti-bactériennes et antioxydantes.

Voici quelques pépins de santé que la cannelle peut régler ou du moins soulager.

- Manger de la cannelle augmente le niveau de benzoate de sodium dans le cerveau, qui aide à réparer et même à créer les neurones, selon le Dr Gary Wenk. La cannelle peut donc être bénéfique dans des cas de Parkinson ou d'Alzheimer.
- Grâce à ses propriétés anti-inflammatoires, elle peut soulager les crampes menstruelles. Il suffirait de verser quelques gouttes d'huile essentielle de cannelle dans une compresse tiède et de l'appliquer sur le ventre.

Culture confiture

Saviez-vous que les Alsaciens ont deux jours de congés en plus ?

Le jour de la Saint-Étienne, le 26 décembre, est synonyme pour beaucoup de lendemain de Noël et de retour au travail. Pas pour les Alsaciens et les Mosellans ! En effet, ce jour reste férié dans les trois départements Haut-Rhin, Bas-Rhin et Moselle.

En réalité, ce jour était chômé en France avant 1905, date à laquelle l'Alsace et la Moselle étaient encore sous contrôle allemand. Après que la France laïque a décidé de se séparer de ce jour férié car religieux, les trois départements réunis à la France en 1918 refusèrent d'abandonner les avantages que l'Allemagne de Guillaume II leur avait offerts…

Accordé par le consul Napoléon Bonaparte aux protestants lors du concordat de 1801, le Vendredi Saint est l'autre jour férié conservé en Alsace et en Moselle.

- Encore une fois, ses propriétés antibactériennes en feraient un très bon remède contre le mal de gorge.
- La cannelle était utilisée par les Grecs et les Romains pour augmenter l'appétit et améliorer la digestion.
- La médecine douce vante les mérites de la cannelle pour soulager les infections urinaires et vaginales grâce à ses propriétés antifongiques.
- La cannelle aide à contrer la fatigue en modérant le taux de sucre dans le sang.
- Une étude a démontré qu'elle améliore la circulation sanguine chez les personnes souffrant d'embonpoint.
- Plusieurs études indiquent que la cannelle renferme des composés aux propriétés apparentées à l'insuline potentiellement bénéfiques pour lutter contre le diabète.

Cause toujours

"Alors que j'écrivais *La Chartreuse*, raconte Stendhal, je lisais chaque jour deux ou trois pages du Code civil afin de trouver le ton juste."

La culture pas chiante

TROIS FILMS, TROIS ANECDOTES

Les Aventuriers de l'Arche perdue – Steven Spielberg
Pendant la séquence où Indiana Jones est confronté à des serpents, Steven Spielberg a décidé d'utiliser un nombre impressionnant de reptiles pour donner plus d'authenticité. Certaines sources affirment d'ailleurs qu'il y avait environ 6 000 serpents lors du tournage de la scène, tandis que Spielberg lui-même évoque le chiffre fou de 9 000 reptiles.

Gandhi – Richard Attenborough
Plus de 300 000 figurants ont été utilisés lors de la scène mythique des funérailles de Gandhi. En réalité, on estime qu'environ 1 000 000 de personnes ont assisté aux funérailles de Gandhi.

Apocalypse Now – Francis Ford Coppola
La mythique scène d'ouverture d'*Apocalypse Now* vous a sûrement marqué. Alors que l'on entend la chanson "The End" du groupe The Doors, on peut voir une jungle vietnamienne entièrement brûlée au napalm par des hélicoptères américains. Francis Ford Coppola a brûlé une forêt entière, pour de vrai.

Culture confiture

LA POUBELLE EST UN NOM

Jusqu'à la fin du XIXe siècle, les habitants de Paris, comme ceux des autres villes, jetaient leurs déchets tels quels dans la rue. Ce qui évidemment allait à l'encontre des règles d'hygiène et favorisait la prolifération de maladies tout en encombrant les voies publiques.

En 1884, le préfet de la Seine (département qui comprenait alors la capitale) prend un arrêté obligeant les Parisiens à utiliser un récipient de bois garni de fer blanc pour y recueillir les ordures ménagères afin de faciliter leur ramassage.

Le nom de ce préfet ? Eugène-René Poubelle : son nom de famille viendra vite désigner le récipient dédié au ramassage des déchets et le mot poubelle passera finalement dans le langage courant.

Le petit coin des jeux

Que savez-vous sur les aphrodisiaques ?

1. **Le mot “aphrodisiaque” vient d’Aphrodite, déesse grecque de l’Amour.**
   - Vrai
   - Faux

2. **Les aphrodisiaques sont considérés par la communauté scientifique comme des médicaments.**
   - Vrai
   - Faux

3. **L’alcool est un bon aphrodisiaque.**
   - Vrai
   - Faux

4. **Le sel possède des vertus aphrodisiaques.**
   - Vrai
   - Faux

5. **Les qualités aphrodisiaques du chocolat ne sont “visibles” qu’après consommation d’une dizaine de kilogrammes.**
   - Vrai
   - Faux

6. **Les produits aphrodisiaques servent à décupler les performances sexuelles.**
   - Vrai
   - Faux

7. **L’ail est une plante qui fait partie de la liste des aphrodisiaques.**
   - Vrai
   - Faux

8. **L’une des boissons chaudes les plus aphrodisiaques est la verveine.**
   - Vrai
   - Faux

9. **Parmi les sauces couramment consommées, la mayonnaise est la plus aphrodisiaque d’entre elles.**
   - Vrai
   - Faux

10. **Les parfums stimulent le désir sexuel.**
    - Vrai
    - Faux

Réponses : 1. Vrai/ 2. Faux/ 3. Faux/ 4. Faux/ 5. Vrai/ 6. Faux/ 7. Vrai/ 8. Vrai/ 9. Faux/ 10. Faux

C'est celui qui dit qui y est

30 ÈVE SUR UNE ÎLE

En concentrant leurs études sur la lignée maternelle des Malgaches, grâce à l'ADN, les scientifiques ont estimé qu'un petit nombre de femmes indonésiennes sont à l'origine de la majorité des habitants de l'île de Madagascar : 30, d'après leurs estimations.

L'île aurait été peuplée il y a 1 170 ans. Plusieurs hypothèses ont été émises pour expliquer l'arrivée de cette trentaine de femmes : comptoir de commerce ou bien volonté de colonisation ? Le scénario le plus sérieusement envisagé est la probabilité du naufrage d'un navire indonésien sur les côtes malgaches, il y a plus de mille ans.

Le savais-tu ?

Vous avez du fromage à râper ? Enduisez la râpe d'un peu d'huile. La tâche sera beaucoup plus facile, rapide et propre !

Cause toujours

HISTOIRE DE CHIENS

Trait d'humour de Chirac :

Dans *Brèves de vie*, Michel Denisot se raconte à travers quelques histoires courtes.
Lors d'un dîner à l'Hôtel de Ville de Paris, en 1992, Jacques Chirac, à l'époque maire de la capitale, présente fièrement son chien à Michel Denisot. Le nom du labrador ? "Ducon". "C'est Giscard qui me l'a offert", plaisante l'ancien président de la République.

Sarkozy, le chien et le lapin

En 2006, celui qui est alors ministre de l'Intérieur veut présenter son fils Louis à l'ambassadeur des États-Unis à Paris. Le garçon se présente, avec un lapin dans les bras et un chien à ses pieds. Et là, c'est le drame… "Pour serrer la main de l'ambassadeur, Louis a posé à terre le lapin, que le chien a commencé à courser […], ce qui conduisit au spectacle mémorable de Sarkozy courant, penché, pour attraper le chien, lequel courait après le lapin, pendant que Louis riait aux éclats dans le bureau".
L'anecdote est tirée d'un des 250 000 télégrammes et notes diplomatiques américains rendus publics par WikiLeaks.

Alain Juppé et Nico

Lors d'une rencontre à Sciences Po Bordeaux, Alain Juppé s'est laissé aller à un trait d'humour devant 500 jeunes. Ironique, il a déclaré à un étudiant qu'il nommerait son potentiel chien présidentiel "Nico". Une blague qui a effacé tout le reste de son discours dans les médias. Qu'importe le contenu, seules comptent les petites phrases.

Angela Merkel et sa phobie

S'il y a une chose de laquelle elle a vraiment une peur maladive, ce n'est pas de l'orage, comme elle le prétendait au *SZ-Magazin*, en 2012, mais des chiens. Et ce au moins depuis qu'elle a été attaquée par le chien de chasse de son voisin, en 1995, qui l'a mordue au genou alors qu'elle revenait d'une promenade à vélo dans les environs de sa maison de campagne, près de la frontière polonaise.

Sa phobie des chiens est telle qu'à chacun de ses déplacements à l'étranger, son équipe prévient toujours ses hôtes qu'aucun chien ne doit se trouver dans le coin quand elle arrive. Une règle que tout le monde respecte, sauf Vladimir Poutine, avec qui elle entretient une relation très tendue. Pour se moquer d'elle, il lui a même offert un chien en peluche.

Pissons de rire

ALLÔ DÉPANNAGE INFORMATIQUE, J'ÉCOUTE

Client : Bonjour, il y a de la fumée qui sort de l'alimentation de mon ordinateur.

Hotline : Il va sans doute vous falloir une nouvelle alimentation !

Client : Non, non, certainement pas ! Je dois seulement changer les fichiers de configuration.

Hotline : Monsieur, s'il y a de la fumée qui sort de l'alimentation, c'est que l'alimentation est grillée. Il va vraiment falloir la remplacer !

Client : Pas question ! Quelqu'un m'a dit qu'il suffit d'une configuration du système au démarrage pour régler ce problème. Vous n'avez qu'à me dire quelle est la bonne commande à exécuter…

Après dix minutes de palabres, le technicien capitule.

Hotline : Cher monsieur, je suis désolé, vous avez raison. Il y a effectivement une commande DOS qui réglera votre problème.

Client : Je l'savais !

Hotline : Ajoutez simplement la ligne "DEVICE=\DOS\NOSMOKE.SYS" à la fin de votre fichier CONFIG.SYS, redémarrez l'ordinateur et tout devrait rentrer dans l'ordre. Rappelez-moi si vous avez le moindre problème.

Une dizaine de minutes plus tard, le client rappelle le technicien :

Client : Ça n'a pas marché. L'alimentation fait encore de la fumée…

Hotline : Ah ! Dites-moi, quelle version de DOS utilisez-vous ?

Client : MS-DOS 6.22.

Hotline : Voilà le problème ! Cette version de DOS n'inclut pas NOSMOKE. Il vous faudra appeler Microsoft et leur demander de vous envoyer une mise à jour. Tenez-moi au courant du résultat de votre appel.

Environ une heure plus tard, le même client rappelle.

Client : J'ai besoin d'une nouvelle alimentation…

Hotline : Pas de problème, je vous l'envoie aujourd'hui même, mais dites-moi : comment êtes-vous arrivé à cette conclusion ?

Client : Eh bien, j'ai appelé Microsoft et j'ai répété à leur technicien ce que vous m'aviez dit. Après une longue discussion, il m'a demandé la marque et le modèle de mon alimentation…

Hotline : Et qu'est-ce qu'il vous a dit ?

Client : Il a dit que mon alimentation n'était pas compatible avec NOSMOKE…

Un autre client.

Client : Ça me met nom d'utilisateur ou mot de passe incorrect.

Hotline : Fermez la fenêtre, Monsieur, s'il vous plaît.

Client : Euh oui, c'est vrai qu'il y a un peu de bruit dehors…

Client suivant.

Client : Mon disque dur est fêlé !

Hotline : Et y'a quoi à l'écran ?

Client : Ben que mon disque est fêlé !

Hotline : Lisez-moi exactement ce qu'il y a sur l'écran.

Client : Hard drive failure !

Dernier client.

Hotline : Double-cliquez sur le Poste de Travail, SVP.

Client : C'est où, ça ?

Hotline : À l'écran, vous avez une icône Poste de Travail.

Client : Je ne comprends rien du tout ! Pourquoi vous me parlez de poste de travail ?

Hotline : Vous n'avez pas de Poste de Travail, Madame ?

Client : Ah ben non ! Je suis retraitée, moi !

“On ne ment jamais autant qu’avant les élections, pendant la guerre et après la chasse.”

[Georges Clemenceau]

C’est celui qui dit qui y est

Aujourd’hui, les chewing-gums représenteraient en Angleterre un tiers des ordures trouvées dans la rue : un chewing-gum coûte environ 5 centimes à l’achat mais 3 fois plus à nettoyer, de sorte que la facture publique de nettoyage se monte à 6 millions d’euros par an pour la seule ville de Londres et à plus de 220 millions d’euros sur toute la Grande-Bretagne.

“Le bois, avant, c’était en arbre, il faut le savoir !”

[Brandon, des Anges de la TV]

“Dans votre ascension professionnelle, soyez toujours très gentil pour ceux que vous dépassez en montant. Vous les retrouverez au même endroit en redescendant.”

[Woody Allen]

Culture confiture

FOUR EN SÉRIE

L'acteur Bill Murray choisit ses rôles de manière singulière. Comme il n'a pas d'agent, les réalisateurs intéressés par ses services doivent lui laisser un message sur une boîte vocale spécialement dédiée à cet effet, qu'il consulte de manière très irrégulière. Pour un de ses plus célèbres rôles, dans *Lost in Translation*, la réalisatrice Sofia Coppola lui laissa des centaines de messages et dut attendre 7 mois avant d'avoir des nouvelles. Il rate d'ailleurs régulièrement des rôles car personne ne réussit à le joindre.

Cause toujours

POUR FAIRE REFROIDIR UN PLAT :

si vous êtes pressé, vous ferez refroidir un plat plus vite en le plongeant dans un récipient contenant de l'eau froide fortement salée.

La culture pas chiante

L'HYMNE À L'AMOUR

Si Édith Piaf est considérée comme la chanteuse française par excellence, elle n'en avait pas moins des origines variées : normandes par son père, italiennes et… marocaines par sa mère.
La grand-mère maternelle d'Édith se nommait Emma Saïd Ben Mohamed : née en France, à Soissons, en 1876, elle était la fille de deux artistes de cirque. Son père, Saïd Ben Mohamed, était né à Mogador (aujourd'hui Essaouira), au Maroc, vers 1827. Il était donc probablement berbère.

"L'alcool ne résoudra aucun de vos problèmes. Cela dit le lait non plus."

[Sammy Davis, Jr.]

Le petit coin des listes

SAUT EN LONGUEUR (EN MÈTRES)

Gazelle springbok : **15 m**

Panthère des neiges : **15 m**

Kangourou : **13 m**

Singe gibbon : **13 m**

Puma : **12 m**

Tigre : **11 m**

Lion : **11 m**

Cerf d'Europe : **11 m**

Antilope impala : **10 m**

Panthère ou léopard : **10 m**

Athlète humain : **9 m**

Singe (babouin, macaque) : **9 m**

Gazelle de Grant : **7 m**

Guépard : **7 m**

Daim : **7 m**

Chamois : **7 m**

Loup : **7 m**

Wallaby (kangourou nain) : **7 m**

Chien (berger allemand) : **6 m**

Écureuil : **5 m**

Grenouille : **2 m**

Sauterelle : **1,20 m**

Pissons de rire

HUMOUR POLITIQUE

Le Prix Humour et Politique a été créé en 1988 et décerné par un jury de journalistes (Olivier Galzi, Dominique de Montvalon, Gérard Leclerc, etc.) et d'humoristes (dont Laurent Gerra) présidé par Jean Miot, ancien PDG de l'AFP.

Le Grand Prix 2015 est décerné à Nicolas Sarkozy pour : "Pour désespérer de François Bayrou, encore faudrait-il que j'aie un jour placé de l'espoir en lui."

Un Prix exceptionnel a été décerné au président de la République François Hollande pour l'ensemble de ses "hollanderies" :

"Il n'y a rien de plus terrible pour un soldat déjà anonyme que de mourir inconnu."

"Je demande aux Français de ne pas aller dans les zones à risques, parce que c'est dangereux."

Cause toujours

Une chevelure brune compte 100 000 cheveux. Et jusqu'à 150 000 pour les chevelures claires, beaucoup moins pour les roux (75 000).

On compte dans les chevelures noires environ 110 000 cheveux.

Nous avons environ de 200 à 300 cheveux au cm^2.

“Il y a ceux qui n’attendent plus rien ; je fais en sorte de leur apporter ce qu’ils attendent.”

“Il y a aussi le défi de la mondialisation, parce que le monde n’est pas facile, et parfois, il n’est pas gentil.”

Le Prix Spécial du Jury a été attribué à François Fillon pour : “Avant de juger les propositions d’Emmanuel Macron, je vais attendre qu’elles soient abandonnées.”

Le Prix de l’Encouragement a été attribué à Fleur Pellerin, à propos des primaires PS pour : “Avec 5 % on finit Premier ministre, avec 17 % on finit chez Habitat.”

Le Prix des Internautes revient au député Patrick Mennucci pour : “Guerini dit qu’il n’est ni de droite ni de gauche ; alors il est forcément du Milieu.”

Le Prix de la Presse hebdomadaire régionale revient à Jean-Luc Mélenchon pour : “Il peuvent toujours nommer Donald à l’Europe ; c’est quand même Picsou qui commande.”

Un Prix Spécial “Para-Politique” a été décerné à Dodo La Saumure pour : “Certes, DSK ternit un peu ma réputation.”

Le savais-tu ?

UN PROCÈS RETENTISSANT, LE PROCÈS DE NUREMBERG

Du 20 novembre 1945 au 1er octobre 1946 s'est tenu un des plus grands procès de notre histoire.

Intenté par les puissances alliées contre 24 des principaux responsables du IIIe Reich, il constitua la première mise en œuvre d'une juridiction pénale internationale.

Le tribunal siégea par les gouvernements des États-Unis d'Amérique, du Royaume-Uni de Grande-Bretagne et d'Irlande du Nord, de l'Union des républiques socialistes soviétiques et par le gouvernement provisoire de la République française. Quatre chefs d'accusation furent invoqués : complot, crimes contre la paix, crimes de guerre, et crimes contre l'humanité, ce dernier point étant une notion partiellement nouvelle.

"Je me tire, putain mais c'est de la chanson, j'ai jamais chanté de ma vie... apparemment je suis baryton, baryton mais baryton, j'croyais que c'était un poisson, moi ! Elle me dit octave, c'est un pays en Russie, j'la crois pas moi !"

[Jean-Pascal, de la Star Academy]

"Si la patte de lapin porte vraiment bonheur, alors expliquez-moi ce qui est arrivé au lapin en question."

[Lenny Bruce]

Le choix des accusés était contraint par l'absence de plusieurs hauts responsables nazis, qui, par leur mort ou leur fuite, échappèrent à la mise en accusation.

Il aboutit à la condamnation à mort par pendaison de douze condamnés.

D'autres procès concernant les faits découverts durant ces audiences ont eu lieu par la suite.

Le procès de Nuremberg a permis de poser certaines des règles reprises ensuite par les tenants d'une justice internationale et reste dans l'Histoire comme la première mise en application de la condamnation pour "crime contre l'humanité".

Le petit coin des énigmes

Qui suis-je :
Enfant précoce, il est né en 1623 et a contribué à la construction d'une calculatrice mécanique. Son nom est donné à l'unité de pression dans le système international, à un langage de programmation, à un "triangle", à un pari.

a) Pythagore
b) Einstein
c) Pascal

Réponse : c.

Pissons de rire

Un homme se présente au guichet des Allocations familiales :

– Je viens d'arriver dans votre secteur et je voudrais m'inscrire.

Je suis père de dix-neuf enfants…

– Avec la même ? demande l'employée stupéfaite.

– Bien sûr avec la même ! Mais naturellement, j'ai eu plusieurs femmes…

"La différence qu'il y a entre les oiseaux et les hommes politiques, c'est que de temps en temps les oiseaux s'arrêtent de voler !"

[Coluche]

La culture pas chiante

UN HASARD SALVATEUR

La pénicilline fut découverte, le 3 septembre 1928, grâce à un moment de flemme.

Alexander Fleming travaillait sur les propriétés des staphylocoques. Il avait la réputation d'être un chercheur remarquable mais distrait : il oubliait le plus souvent les cultures sur lesquelles il travaillait.

Après deux semaines de vacances, il retrouva ses boîtes de Pétri contaminées par un champignon. Avant de les jeter, il s'aperçut qu'autour des colonies le staphylocoque ne poussait pas. Il émit alors l'hypothèse qu'une substance sécrétée par le champignon en était responsable. Il l'appela aussitôt “pénicilline”. Mais Fleming ne crut pas vraiment en l'efficacité de sa découverte : il fallut attendre une dizaine d'années pour qu'une autre équipe reprenne ses essais, avec le succès que l'on connaît pour le développement des antibiotiques.

"Pour mener l'être humain vers la civilisation, il a fallu quelques millions d'années, alors que le retour au Neandertal prend moins d'une semaine."

[Frédéric Beigbeder]

Le petit coin des jeux

1. Dans quel pays européen ne pourrez-vous pas payer vos achats en euros ?

a) L'Irlande
b) Le Danemark
c) Le Portugal

2. Quelle est la monnaie de la Pologne ?

a) L'euro
b) Le złoty
c) Le lev

Réponses : 1. b/ 2. b

Fromage ou dessert ?

Pour conserver les poires plus longtemps, rangez-les en les posant avec le pédoncule dirigé vers le haut. Pour les pommes, il faut faire l'inverse.

"Lorsque l'on se cogne la tête contre un pot et que cela sonne creux, ça n'est pas forcément le pot qui est vide."

[Confucius]

Pas de fumée sans feu

UNE FAUSSE IDÉE

Une cigarette allumée jetée dans une flaque d'essence et voilà que l'essence prend feu, la voiture explose, tout s'enflamme, la station-service, les maisons, etc. Mais ça, c'est dans les films. En vérité, la cigarette n'émet pas assez de chaleur pour que l'essence prenne feu. Le carburant s'embrase sous forme gazeuse et non liquide, son point d'auto-inflammation se situant à 250 °C. L'extrémité incandescente de la cigarette quand on aspire peut grimper à 500 °C, mais ce n'est pas le cas quand elle est simplement allumée.

Fromage ou dessert ?

ACCENTUER LE GOÛT DES FRITES

Quand on aime les frites, on peut en faire de très bonnes avec un petit truc maison qui séduira tout le monde.

Il faut prendre deux gousses d'ail, les percer et les mettre dans l'huile de friture avant de plonger les frites. Puis les faire cuire et les servir.

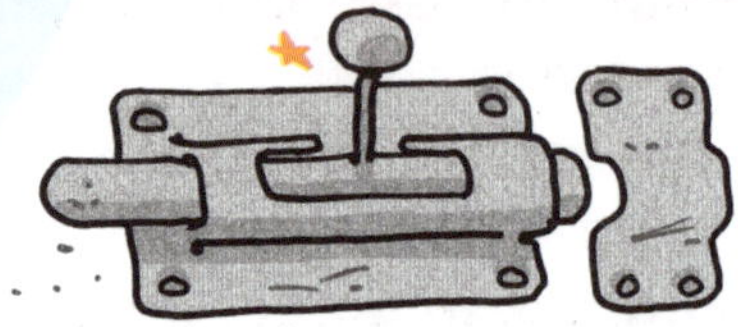

Le savais-tu ?

Les Français sont généreux. Ils donneraient environ 2,1 milliards d'euros par an à des associations ou à des fondations, soit 65 euros de don chaque seconde en moyenne.

Les causes les plus plébiscitées sont, en général : l'aide et la protection, citée par 38 % des personnes sondées ; la lutte contre l'exclusion et la pauvreté, qui est plébiscitée par 31 % d'entre eux, et le soutien à la recherche médicale, par 30 %.

"L'Europe politique, c'est comme l'hiver dans Game Of Thrones : on t'en parle mais on la voit jamais arriver."

[Perle de bac]

Culture confiture

LA DENT BLEUE

La technologie Bluetooth permet de connecter entre eux des appareils électroniques sans utiliser de fil, grâce à des ondes radio. Pour une fois, on a eu droit à un nom un peu plus poétique que les habituelles dénominations techniques (DVD, CD-Rom, infrarouge...). En effet, Bluetooth signifie "dent bleue", en français.

Le nom fut choisi en référence au roi danois Harald Blåtand (Harold Bluetooth, en anglais) qui unifia, au milieu du xe siècle, différentes régions de Norvège, de Suède et du Danemark (et en vassalisa d'autres, comme la Normandie), de même que le Bluetooth est censé relier entre eux des appareils électroniques.

La signification précise du surnom du roi Harald n'est pas déterminée, mais "Blåtand" désignait probablement des dents gâtées ou peut-être un teint sombre, mat.

"Idée de génie : mettre la pomme de Newton dans la brouette de Pascal."

[Roland Bacri]

Le petit coin des énigmes

Cinq employés ont rendez-vous pour organiser la prochaine grève. Tous arrivent à 8 heures du matin et se saluent en se serrant la main. Combien de poignées de main sont échangées :

- **25**
- **20**
- **12**
- **10**

Réponse : 10 poignées. Chacun serre la main de 4 personnes. Mais il ne faut pas trop vite conclure que 4 x 5 = 20 poignées de main sont échangées. En fait, c'est 2 fois moins, soit 10, puisque chaque poignée de main concerne 2 personnes qu'il ne faut pas compter 2 fois.

Le savais-tu ?

Afin d'optimiser la chaleur de vos radiateurs, vérifiez que vos rideaux ne les recouvrent pas ! Si c'est le cas, vous pouvez consommer jusqu'à 40 % d'énergie supplémentaire.

***"En regardant les gens marcher dans la rue, on apprend à distinguer les hommes des femmes : les têtes qui se tournent vers toutes les vitrines des magasins sont celles des femmes.
Il existe d'autres moyens de vérification."***

[Groucho Marx]

Culture confiture

ALLEZ LES BLANCS !

Saviez-vous que le sempiternel "Allez les Bleus" n'a pas toujours existé ? Avant de fouler les pelouses de France et de Navarre tout de bleu vêtus, les Tricolores vagabondaient... en blanc. Il a fallu attendre le 23 mars 1908 pour voir l'équipe de France jouer en Bleu. Pourquoi ? La rencontre se jouait à Londres, face aux Anglais. La Perfide Albion lavant plus blanc que blanc, le Coq a rabaissé son caquet et a enfilé sa désormais célèbre tunique azur.

Qui m'aime me suive

LES ANIMAUX LES PLUS FIDÈLES EN AMOUR

Comme chez les humains, certains animaux sont plus fidèles que d'autres.

1. Le gibbon

La palme revient aux gibbons, dont le modèle familial se rapproche le plus de celui de l'Homme. Les familles se composent des parents et de 3 ou 4 petits tout au plus. Le gibbon fait office d'exception en la matière : sur environ 300 espèces de primates, il fait partie des 6 % monogames. Autre particularité, la hiérarchie familiale est bien définie : c'est la mère qui en est à la tête, suivie de la fille, du fils et, loin derrière, du père.

2. Le cygne

Il n'est pas rare de voir un couple de cygnes durer toute une vie. Leur fidélité est si grande qu'elle est devenue un symbole de l'amour.

3. Le vautour noir

Ces gros rapaces savent bien répartir les tâches dans le couple. Chacun couve les œufs à tour de rôle, en se relayant toutes les 24 heures. Et après la naissance, papa et maman s'occupent de nourrir leurs petits.
Le vautour noir est plutôt possessif et intransigeant en matière de fidélité. Si l'un d'eux est reconnu coupable d'adultère ou s'il tente simplement de courir les jupons, ses congénères ne manqueront pas de lui envoyer des coups de bec pour le faire revenir dans le droit chemin.

4. Le poisson-ange français

Le pomacanthus paru n'est pas surnommé poisson-ange français *(french angelfish)* pour rien. Les Français, c'est bien connu, sont romantiques. Eh bien le pomacanthus paru, c'est un peu comme un Français, mais dans le monde des poissons. On le retrouve plutôt dans les eaux chaudes tropicales, et il a la particularité de tout faire avec sa moitié. Ils se déplacent à deux, ils chassent à deux et ils se défendent à deux.

5. Le loup

Contrairement à l'image du loup solitaire ou de la meute innombrable qu'il peut véhiculer, le loup est une créature monogame et pleine de tendresse. À l'approche de la saison des accouplements, le mâle et la femelle dorment de plus en plus près l'un de l'autre, se nettoient mutuellement, placent leurs pattes avant sur les épaules de l'autre et se touchent l'un l'autre de plus en plus fréquemment.

La fameuse meute est souvent constituée essentiellement des parents et des enfants, une famille somme toute classique, donc.

6. L'albatros

L'albatros peut parcourir des milliers de kilomètres en solitaire, mais il reviendra toujours s'accoupler au même endroit avec le même partenaire. Cette union fondée essentiellement sur le sexe semble plutôt bien fonctionner puisque les couples durent toute une vie. À moins que ce ne soit grâce aux danses de séduction, ces danses rituelles, interminables et loufoques auxquelles s'adonne l'albatros avant la reproduction.

7. Le termite

Si la reine des fourmis se reproduit avec un mâle qui meurt peu de temps après, chez les termites, la reine et le “roi” restent en vie suffisamment de temps pour asseoir, à eux deux, une dynastie tout entière. La reine termite, comme la reine fourmi, stocke en elle toutes les gamètes qui serviront à peupler la colonie pendant plusieurs années.

8. La souris des champs

Retour dans nos campagnes avec la souris des champs, véritable icône du dévouement au partenaire. Monogames, bien sûr, les deux amoureux se blottissent et se nettoient mutuellement. Ils partagent les tâches à la maison comme l’éducation des petits. Un dévouement tellement prononcé que la souris des champs fut l’objet d’études scientifiques destinées à tenter d’isoler ce “gène de la fidélité”.

9. Le pygargue à tête blanche

Ce gros piaf est plus connu sous le nom de Bald Eagle (aigle chauve). C’est l’emblème national des États-Unis. Quand deux pygargues à tête blanche s’unissent, c’est pour la vie. À moins que le mâle ne devienne impuissant, cas exceptionnel où la femelle va voir ailleurs.

10. La tourterelle

Et pour finir, la fidélité incarnée dans un symbole. Ce n’est pas pour rien que des amoureux sont appelés des tourtereaux. La tourterelle roucoule d’amour.

Cause toujours

Un déplacement de 1 km émet, en grammes équivalents CO_2 :

- en avion : 360
- en bateau : 1
- en train : 11
- en bus : de 80 à 90
- en voiture à essence : 150
- en monospace : 200
- en 4 x 4 : jusqu'à 400
- cycliste, piéton : 0

L'avion obtient de piètres performances car le décollage et l'atterrissage sont les phases les plus gourmandes en kérosène.

Les voitures diesel consomment moins, et qui dit moins de carburant dit moins de rejets de CO_2. Mais n'oublions pas qu'un diesel rejette plus d'oxyde d'azote, qui est responsable par exemple de pluies acides et de fines particules cancérigènes. Un moteur Diesel est finalement plus nocif pour la santé qu'un équivalent essence.

“Si le travail c’est l’opium du peuple, alors je ne veux pas finir drogué...”

[Boris Vian]

Cause toujours

Si vous avez renversé votre café, un verre d’eau ou n’importe quel autre liquide sur votre clavier d’ordinateur, débranchez-le immédiatement ou éteignez immédiatement l’ordinateur portable.

Retournez le clavier et secouez-le pour en faire sortir un maximum de liquide.

Épongez avec du papier absorbant en gardant le clavier à l’envers.

Laissez-le sécher à l’envers au moins toute une nuit en le mettant sur un “lit de riz”. Le riz va absorber l’humidité et accélérer le séchage de votre clavier.

Rebranchez votre clavier (ou allumez votre ordinateur) uniquement quand vous êtes sûr qu’il a bien séché.

Cette astuce fonctionne également pour un téléphone portable qui est tombé dans l’eau.

“Nos jeunes aiment le luxe, ont de mauvaises manières, se moquent de l’autorité et n’ont aucun respect pour l’âge. À notre époque, les enfants sont des tyrans.”

[Socrate] *(philosophe grec du ve siècle av. J.-C)*

La culture pas chiante

POURQUOI M. TOUT-LE-MONDE DOIT BEAUCOUP AUX 24 HEURES DU MANS ?

**Laboratoire pour les innovations automobiles, les 24 Heures du Mans sont à l'origine de nombreuses technologies aujourd'hui au service du grand public.
En voici quelques-unes :**

Les phares anti-brouillard 1926

L'axe médian ou ligne jaune 1932

La carrosserie aérodynamique 1937

Le pneu radial 1946

Les éclairages sur le moteur arrière 1949

Le frein à disque années 50

Le moteur turbine 1963

Les pneus slicks 1963

Le moteur turbo 1974

Le moteur hybride 2010

Les phares à LED 2011

Les phares au laser 2014

Pissons de rire

Trois cigognes se rencontrent et bavardent :

– Tu vas où, toi ?

– Hooo, je vais chez un couple qui essaye d'avoir un enfant depuis 10 ans. Je leur apporte une fille.

– Cool ! Et toi ?

– Ben moi, je vais chez une dame qui n'a jamais eu d'enfants. Je lui apporte un petit garçon !

– C'est bien, je suis sûre qu'elle va être très heureuse.

– Et toi ? demandent les deux premières à la troisième cigogne.

– Moi ? Je vais juste à côté, au Couvent des bonnes sœurs.

– Quoi ? Tu vas chez les nonnes ?!

– Ouais. Je ne leur apporte jamais rien, mais j'adore leur foutre la trouille.

Tirez la chasse

Le squelette d'un nouveau-né comprend plus d'os que celui d'un adulte. À la naissance, les bébés ont environ 300 os, dont certains se soudent entre eux en grandissant. À l'âge adulte, le squelette humain ne compte plus que 206 os.

"L'intelligence défend la paix. L'intelligence a horreur de la guerre."

[Paul Vaillant-Couturier]

Fromage ou dessert ?

LES 10 ALIMENTS QUI RENDENT INTELLIGENT !

Pour être au top, notre cerveau a besoin d'être bien alimenté ! Fabrication des neurones, transmission de l'influx nerveux, multiplication des synapses... Il existe des aliments qui sont capables de booster nos performances intellectuelles. Découvrez les alliés à mettre au menu pour devenir le futur Prix Nobel !

- **Les poissons gras (maquereau, sardine, saumon, etc.) avec les oméga-3.**
- **Les légumineuses (lentilles, pois chiches, etc.) avec les sucres dits complexes.**
- **La banane, riche en magnésium et en vitamine B6.**
- **Le foie (de veau, de génisse, de volaille, etc.) pour le fer et les vitamines du groupe B.**
- **Les fruits rouges, véritables mines de vitamine C, et en micronutriments antioxydants.**
- **Les fruits de mer, riches en vitamine B12 et en protéines, surtout en oligoéléments.**
- **Les œufs, pour la qualité de leurs protéines.**
- **Le chocolat, pour sa forte teneur en magnésium et en antioxydants.**
- **Les épinards, le cresson, la mâche, la laitue, les brocolis ou les différentes fines herbes, pour la vitamine B9.**
- **L'avocat, très riche en vitamine E, constitue l'un des plus puissants antioxydants.**

Pas de fumée sans feu

Le gaz naturel est naturellement inodore. C'est artificiellement qu'on lui rajoute un composant (le mercaptan) pour lui donner une odeur, et ainsi pouvoir détecter une éventuelle fuite.

Le savais-tu ?

Pour retirer facilement la peau des poivrons, passez-les au four une dizaine de minutes puis enfermez-les tout de suite dans un sac en plastique. Attendez quelques minutes. La peau sera très facile à enlever.

"Tout groupe humain prend sa richesse dans la communication, l'entraide et la solidarité visant à un but commun : l'épanouissement de chacun dans le respect des différences."

[Françoise Dolto]

Qui tire la chasse perd sa place

ATTENTION, SUR INTERNET, UN ÉCHANTILLON GRATUIT PEUT CACHER UN ABONNEMENT PAYANT.

Des mails sur votre messagerie peuvent vous offrir un échantillon gratuit d'un produit ou un test de 30 jours pour telle ou telle application (films gratuits, dictionnaire gratuit, musique gratuite, etc.).

Pour cela, on vous demande de rentrer vos coordonnées bancaires pour ouvrir votre compte. Ce qui déjà en soi n'est pas très logique. Vous pouvez alors avoir la surprise d'être débité d'une somme quelconque que vous découvrirez sur vos relevés bancaires.

Lisez bien ces offres : très souvent, en bas de la page, en tout petit, vous lirez des phrases comme “premier mois gratuit, sans résiliation de votre part nous vous débiterons tous les mois de la somme de… ”.

Le temps d'envoyer une lettre recommandée, et que votre demande soit traitée, vous paierez l'abonnement en question ou des produits que vous n'avez pas choisis.

Pissons de rire

Une blonde rentre dans un magasin pour animaux. À l'entrée, elle voit un perroquet qui coûte 300 euros ! La femme, tout étonnée, demande au vendeur :

– Pourquoi ce perroquet est-il aussi cher ?

Le vendeur répond :

– Parce qu'il sait parler deux langues : si on lui tire la patte droite, il parle français, et si on lui tire la patte gauche, il parle anglais.

La blonde, stupéfaite, demande :

– Et si on lui tire les deux pattes ?

Le perroquet répond :

– I fall on the floor, espèce de connasse !

Le savais-tu ?

Pour conserver les carottes et qu'elles restent fraîches, sans ramollir au fil du temps, placez une éponge propre et sèche dans le bac à légumes du réfrigérateur. L'éponge va ainsi absorber l'humidité que peuvent dégager les carottes.

"Quand les mouettes suivent un chalutier, c'est qu'elles pensent qu'on va leur jeter des sardines."

[Éric Cantona]

Qui s'y frotte s'y pique

LA MALÉDICTION DE TECUMSEH

Une étrange malédiction a frappé les présidents américains. Elle commença quand William Henry Harrison, alors gouverneur du Territoire de l'Indiana, attaqua le village de Tecumseh, chef de la tribu des Shawnees. Vaincu, Tecumseh aurait jeté un sort sur tous les chefs d'État américains, en prédisant une mort tragique à tous ceux qui seraient élus des années se terminant par 0. Or, il y a bien eu 7 présidents américains morts ou tués au cours de leur mandat :

William Henry Harrison (élu en 1840), d'une pneumonie.

Warren G. Harding (élu en 1920), d'une attaque ou d'un empoisonnement.

Franklin D. Roosevelt (élu en 1940), d'une hémorragie cérébrale.

Abraham Lincoln, élu en 1860, assassiné.

James A. Garfield, élu en 1880, assassiné.

William McKinley, élu en 1900, assassiné.

John F. Kennedy, élu en 1960, assassiné.

Qui s'y frotte s'y pique

DES ANIMAUX DANS NOS AÉROPORTS

Quand les animaux se mettent à nous jouer des tours pour retarder nos vols, ils s'en donnent à cœur joie. Ou est-ce plutôt nous qui les dérangeons ?

Tortues à New York

En 2011, des tortues malaclemys terrapins ont causé d'importants retards à l'aéroport international JFK de New York, car elles avaient décidé de migrer en direction d'une plage de sable située de l'autre côté de la piste pour y pondre leurs œufs. Les pilotes avaient dans un premier temps reçu l'ordre d'attendre qu'elles aient fini leur traversée, mais il a rapidement fallu faire intervenir le personnel au sol pour les encourager à quitter la piste. Ce type de retard lié à la migration des tortues se produit tous les ans à JFK à cause de la proximité de l'aéroport avec l'océan.

Loutres à Houston

Houston, nous avons un problème… En 2009, plusieurs loutres ont fait subir un retard de 80 minutes aux passagers d'un vol de la Continental Airlines au départ de l'aéroport Bush Intercontinental. Les loutres, censées être confortablement installées dans la soute de l'appareil, ont décidé de s'éclipser en glissant de la plateforme avant de fuir sur le tarmac. Il a fallu plus de 45 minutes pour les rattraper et que l'appareil puisse enfin décoller.

Pythons à Alice Springs

Quantas Airlines a dû annuler deux vols lorsque quatre bébés pythons ont disparu. Embarqués dans la soute pour un vol en partance pour Alice Springs, ils étaient introuvables à leur arrivée à Melbourne. Et bien que l'avion ait été entièrement traité par fumigation, ces quatre minuscules reptiles n'ont jamais refait surface.

Chiens à Delhi

Les autorités aéroportuaires indiennes ont l'habitude de devoir gérer des incidents liés à des animaux. En seulement trois mois, 200 chiens errants ont dû être évacués des terrains de l'aéroport international Indira-Gandhi de Delhi. Mais le reste de la faune locale n'est pas en reste : le personnel de l'aéroport doit aussi régulièrement repousser chacals, serpents, singes et oiseaux.

Lièvres à Milan

Une ou deux fois par an, des lièvres perturbent l'activité de l'aéroport de Milan. Ils causent régulièrement des retards lors de l'atterrissage ou du décollage des avions. Pour régler le problème pacifiquement, des bénévoles munis de sifflets consacrent une partie de leur temps à faire du bruit et des grands gestes dans l'espoir de faire fuir les animaux indésirables.

Pas de fumée sans feu

Les hommes préhistoriques frappaient deux silex l'un contre l'autre pour faire du feu.

Vrai ou faux ?

Faux : Il est impossible d'allumer un feu en n'utilisant que deux silex, ces pierres ne contenant pas de fer, responsable des étincelles nécessaires à la combustion. Le silex était taillé à coups de pierre. Il est probable qu'ils aient découvert par hasard que le fait de frapper le silex avec une pierre comportant du fer ou de l'acier provoquait des étincelles.

"Une enquête récente a démontré que 90 % des enterrés vivants reprennent conscience dans le corbillard qui les emporte vers le cimetière, mais ils n'osent rien dire de peur d'avoir l'air ridicules."

[François Cavanna]

Le petit coin des listes

LE RÉGIME DE L'HORREUR

L'émotion suscitée par un film d'épouvante augmente la quantité d'énergie dépensée par l'organisme. Un visionnage de l'inquiétant *Shining* ou des terrifiantes *Dents de la mer* permet de brûler jusqu'à 180 kilocalories (kcal), soit les trois quarts d'une barre chocolatée type Twix ou Kit Kat. Voici quelques films qui vont vraiment vous aider à brûler des calories, tant ils font peur.

Insidious
L'Exorciste
La colline a des yeux
Le Cercle – The Ring
Psychose
Halloween
666, la malédiction
Paranormal Activity
Vendredi 13
Rec
Shining
The Grudge
Ça, il est revenu
Catacombes
Bienvenue à Zombieland
La Dame en noir 2 : l'Ange de la Mort
Lazarus Effect
Sinister
Conjuring : Les dossiers Warren
Le Projet Blair Witch
Rosemary's Baby
Le Silence des agneaux
Le Dieu d'osier
Audition
Wolf Creek
Hostel

Cause toujours

L'État de Virginie, situé dans l'est des États-Unis, fut colonisé en 1584 par les Anglais. Il tire son nom de la reine Élisabeth Ire, alors souveraine, qui était surnommée "la reine vierge" *(Virgin Queen)*. En effet, elle refusa toute sa vie les avances de nombreux prétendants de marque, ne se maria jamais et mourut sans enfants.

Pissons de rire

Lors d'un discours, le républicain Roosevelt est interrompu par un opposant : "Moi, je suis démocrate !". Le président lui demande pourquoi. "Mon grand-père était démocrate, mon père était démocrate et je suis démocrate." Roosevelt répondit : "Mon ami, supposez que votre grand-père ait été un crétin, que votre père ait été un crétin, que seriez-vous aujourd'hui ?"
– Un républicain !

"Celui qui ne connaît pas l'histoire est condamné à la revivre."

[Karl Marx]

Le petit coin des listes

SOUFFLEZ-EXPIREZ

Le système respiratoire

* Au repos, un adulte inspire et expire environ 6 litres d'air par minute.
* Le poumon droit est légèrement plus grand que le poumon gauche.
* Les poils du nez aident à filtrer l'air qu'on respire et le réchauffent.
* La vitesse record d'un éternuement est de 165 km à l'heure.
* La superficie des poumons est à peu près de la grandeur d'un court de tennis.
* Mis bout à bout, les capillaires des poumons feraient 1 600 km de long.
* On perd environ un litre d'eau par jour en respirant.
* Au repos, on prend environ 12 à 15 respirations par minute.
* Les femmes et les enfants respirent à un rythme plus rapide que les hommes.

Les points sur les i

Sur les onze derniers mois précédant octobre 2008, Nicolas Sarkozy, par ses déplacements officiels, a rejeté 7 061 tonnes de CO_2, soit autant d'émissions de gaz à effet de serre totales annuelles que 1 000 Français, selon le magazine *Terra Economica*. C'est aussi l'équivalent des émissions d'un troupeau de 823 vaches laitières de la Bretagne du Nord pendant toute une année…

Le petit coin des jeux

1. Quel est le régime politique de la France ?

a) C'est un régime présidentiel
b) C'est un régime parlementaire
c) C'est un régime hybride

2. Quel est l'âge minimal pour être candidat à la présidence de la République ?

a) 23 ans
b) 25 ans
c) 18 ans

3. Combien de mandats consécutifs un président de la République peut-il exercer ?

a) 3
b) Il n'y a pas de limitation
c) 2

Réponses : 1b/ 2c/ 3c

"Même les morts ne peuvent reposer en paix dans un pays opprimé."

[Fidel Castro]

C'est celui qui dit qui y est

LES MUFLERIES DE NAPOLÉON IER

Aux Tuileries, lors des soirées, Napoléon se permettait envers des dames de la cour impériale des réflexions demeurées fâcheuses et qualifiées par certains de mufleries. Il pouvait bien sûr en profiter, personne n'osait répondre quoi que ce soit.
"Cette robe est sale ; vous n'en changez donc jamais ?" ou encore : "Quelle déception ! Dire que l'on m'avait assuré que vous étiez jolie !"
Un soir, avisant la duchesse de Fleury, il lui pose cette question :
– Madame, aimez-vous toujours autant les hommes ?
Celle-ci rétorqua vertement :
– Oui, Sire. Quand ils sont polis.
Surpris par l'impertinence de la dame, il ne sut que dire et battit en retraite sans trouver une réplique.

Au sujet de mademoiselle Duchesnois…
Mademoiselle Duchesnois l'attend, on le lui rappelle. Napoléon, absorbé par son travail, lance : Qu'elle attende !
Et y pensant un peu plus tard :
– Qu'elle se déshabille et qu'elle se couche !
Mais, toujours absorbé, il continue de travailler.
Lorsqu'on lui rappelle qu'elle est toujours là, il ordonne :
– Qu'elle se rhabille et qu'elle s'en aille !

"Un psychotique, c'est quelqu'un qui croit dur comme fer que 2 et 2 font 5, et qui en est pleinement satisfait. Un névrosé, c'est quelqu'un qui sait pertinemment que 2 et 2 font 4, et ça le rend malade !"

[Pierre Desproges]

La culture pas chiante

La Constitution de 1958 a été modifiée à 24 reprises. Par exemple, en 1962, pour y inscrire l'élection du président de la République au suffrage universel, ou, en 2007, l'interdiction de la peine de mort en France. La dernière révision date de juillet 2008 et portait sur la modernisation des institutions de la Ve République.

Pissons de rire

Le condamné s'exclame :

– Cinq ans de prison... Mais, Monsieur le Juge, j'ai quatre-vingt-huit ans !

– Le tribunal ne vous demande pas l'impossible : Vous ferez ce que vous pourrez !

"Depuis la fenêtre de la salle d'examen, je vois des oiseaux et des nuages dans le ciel. Mais je vois surtout ma maison. Et ça me rend nostalgique rien que de penser que j'y étais encore ce matin."

[Perles du bac]

Le savais-tu ?

LES PRODUITS ÉCOLOGIQUES SONT PLUS CHERS VRAI OU FAUX ?

Faux : Cette idée reçue provient essentiellement du secteur du textile bio ou de l'alimentation bio pour lesquels, c'est vrai, les prix sont plus élevés. Ce n'est pas vrai de la puériculture bio, ou bien des produits d'entretien écologique. La cosmétique bio, par exemple, est non seulement de meilleure qualité, et plus saine, mais en moyenne moins chère que les produits de beauté traditionnels. Pourquoi ? Parce qu'on ne paie pas pour des marques prestigieuses. Pour tout ce qui concerne les économies d'énergie ou d'eau (chargeurs solaires, réducteurs pour robinet, etc.), par définition ils font du bien au porte-monnaie. Autre source d'économie des produits écologiques, la quantité de produits, car on consomme moins de produits de meilleure qualité.

Culture confiture

AGATHA CHRISTIE ÉTAIT AUSSI SPORTIVE ET SCANDALEUSE

Elle est la romancière la plus vendue de tous les temps, juste derrière Shakespeare et la Bible. Mais ce que nombre de ses fans ne savent sans doute pas, c'est qu'Agatha Christie a aussi été l'une des premières Anglaises à pratiquer le surf.

Que n'auraient pas pensé ses célèbres personnages, Hercule Poirot et Jane Marple ?